Antonio de Cordoba

Reise nach der Magellanstraße

Verlag
der
Wissenschaften

Antonio de Cordoba

Reise nach der Magellanstraße

ISBN/EAN: 9783957002556

Auflage: 1

Erscheinungsjahr: 2014

Erscheinungsort: Norderstedt, Deutschland

Hergestellt in Europa, USA, Kanada, Australien, Japan
Verlag der Wissenschaften in Hansebooks GmbH, Norderstedt

Cover: Foto ©Wolfgang Pfensig / pixelio.de

Reise
nach der
Magellansstraße,
nebst
einem Berichte
über die
Sitten und Gebräuche der Einwohner
und die
Naturerzeugnisse von Patagonien.

Auf königlichem Spanischen Befehle
unternommen
von dem
Admiral Don A. de Cordova.

Nach einer Englischen Uebertragung des Spanischen Originals
in's Teutsche übersetzt.

Mit einer Charte.

Weimar,
im Verlage des Gr. S. H. priv. Landes-Industrie-Comptoirs.
1820.

Inhalt.

Erste Abtheilung.

Seite

Bericht über eine neuerliche Entdeckungsreise nach der Magellansstraße 3

Zweite Abtheilung.

Fahrt von Cadiz nach der Magellans-Straße. . . . 7

Dritte Abtheilung.

Fahrt in der Straße. 17

Inhalt.

Anhang.

Erste Abtheilung.

Seite

Beschreibung der Magellansstraße, Eintheilung in hohes und niedriges Land. Temperatur. Boden; Erzeugnisse desselben. Thiere. 83

Zweite Abtheilung.

Ueber die Anwohner der Magellansstraße . . . 116

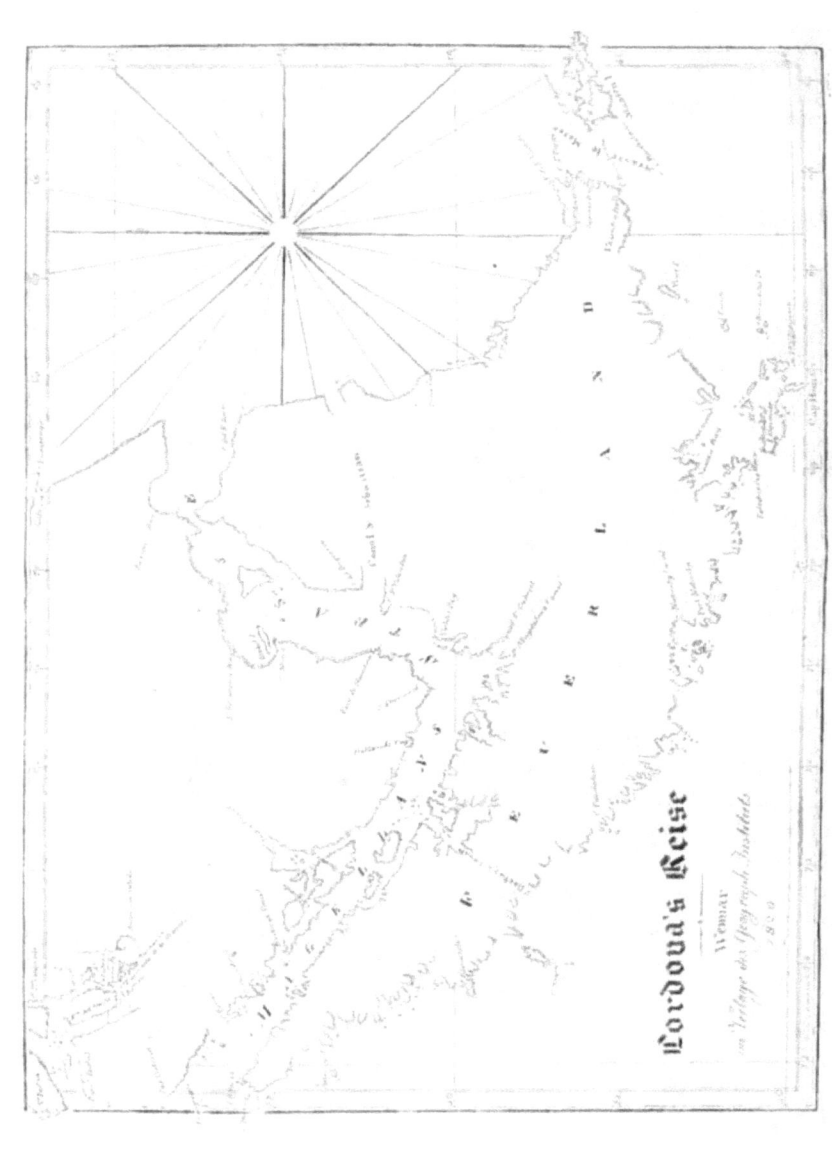

Reise
nach der
Magellansstraße,
nebst einem Berichte
über die
Sitten und Gebräuche der Einwohner
und die
Naturerzeugnisse von Patagonien.

―――――

Erste Abtheilung.

Bericht über eine neuerliche Entdeckungsreise nach der Magellansstraße.

Seit langer Zeit schon war von dem Könige von Spanien beschlossen, ein Schiff zu dem Zwecke auszusenden, die Magellansstraße zu untersuchen, und eine genaue Aufnahme von derselben zu bewerkstelligen. Es wurden demnach dem Generalcapitän der Flotte Befehle ertheilt, eine Fregatte zu dieser Fayrt auszusuchen. Dieser wählte darauf die Santa Maria de la Cabeza von 36 Kanonen, deren gute Beschaffenheit sich bereits oft bewährt hatte. Aus mancherlei Gründen hielt man es nicht für rathsam, sie mit Kupfer beschlagen zu lassen. Sie war übrigens nach modernem Französischen Style gebaut, welcher Umstand, wie man glaubte, sie zu jeder Art von Schiffahrten tauglich machte. Auch hat sich diese gute Meinung vollkommen bestätigt, da ihre treffliche Beschaffenheit die Schiffsmannschaft mehrere Male aus, dem Anscheine nach, unvermeidlichen Gefahren befreit hat.

Das Oberkommando des Schiffs und der ganzen Expedition ward dem Don Antonio de Cordova vom königlichen Seewesen übertragen, mit der Erlaubniß sich seine Officiere und übrige Schiffsmannschaft selbst zu wähten. Auch ward ihm gestattet, einen zweiten Capitän und zwei andere mit astronomischen Beobachtungen vertraute Officiere nach eigener Auswahl mitzunehmen. Diesem nach wählte er nun den Don Ferdinand de Miera zu seinem zweiten Capitän und da es sich gerade traf, daß der Brigabier D. Vincent Tofine sich zu der Zeit mit mehreren Officieren des Spanischen See=Departements, welche die letzten zwei Jahre mit der Anfertigung eines hydrographischen Atlasses, oder einer Seecharte von Spanien beschäftigt gewesen waren, in Cadix befand, so erbat er sich zwei dieser Herren, welche sowohl in astronomischen Beobachtungen, als in dem Gebrauche aller zur Expedition nöthigen Instrumente geübt waren, zu Gehülfen in diesem Fache, nämlich den D. Dionisius Alcala Galiano und den D. Alexander Belmonte, Seelieutenants, welche, ohne sich dabei von den andern gewöhnlichen Schiffs=arbeiten auszuschließen, die Sorge für alle geographische und astronomische Beobachtungen übernahmen.

Folgendes ist die genaue Liste der sämmtlichen Officiere und Subalternen auf der Fregatte zur Zeit, als sie von Cadix absegelte.

       Commandeur D. Antonio de Cordova.
       Zweiter Capitän D. Ferdinand de Miera.

Lieutenants
{
D. Miguel de Zaptain.
D. Fello Mantilla.
D. Dionisius Alcala Galiano.
D. Alexander Belmonte.
}

See=Cadetten
{
D. Petro de Mesa.
D. Joachin Blanco.
D. Francisco Villegas.
D. Philip Perez de Acevedo.
D. Joachin Fernandez Salvador.
}

Officiere der Seesoldaten.	D. Eugenio de Cardenas. D. Remigio Bobadilla.
Caplane	D. Julian Martiano. D. Joseph Riquero.
Wundärzte	D. Juan Luis Sanchez. D. Bartholomen de Rivas.
Steuermänner	D. Joachin Camacho, 1ster. D. Antonio Castellanos, 2ter.
Unterschiffer	D. Antonio Rico. D. Antonio Castro. D. Pedro Sanchez.

Da die zu dieser Reise passende Zeit schon weit vorgerückt war, so wurden zur Ausrüstung der Fregatte die schleunigsten Anstalten getroffen, so daß sie schon am 27. September, völlig bemannt und mit Lebensmitteln auf acht Monate, so wie mit Holz und Wasser auf fünf Monate versehen, die Werfte verließ.

Weil der glückliche Erfolg aller Seeunternehmungen auch in hohem Grade von der Gesundheit und dem Wohlseyn der Mannschaft abhängt, so war der Commandeur sorgfältigst darauf bedacht, alle mögliche Vorsichtsregeln deßhalb zu treffen, und ließ daher nicht nur einen bedeutenden Vorrath von warmen Kleidungsstücken für das Schiffsvolk, sondern auch alle solche Arznei= und andere Mittel, welche die Erfahrungen früherer Seefahrer als wesentlich nöthig gezeigt hatten, an Bord schaffen.

Während dessen brachten auch die beiden mit den nautischen Beobachtungen beauftragten Officiere zwei Seeuhren (Nro. 15 und 16 von Berthoud) welche dem Observatorium in Cadix gehörten, so wie eine dem Lieutenant Belmonte zustehende kleinere (Nro. 71 von Arnold) an Bord der Fregatte, und begannen sofort mittelst an der Küste angestellten Beobachtungen und auf dem Schiffe gegebenen Signale sich über die verschiedenen Bewegungen dieser Uhren zu vergewissern, und die Correspondirungs-Tabellen zu formiren. Zugleich ward auch eine vollständige Sammlung von Instrumenten, welche aus dem, auf königliche Kosten von den geschicktesten Künstlern in London verfertigten Vorrath ausgesucht worden waren, an Bord geschafft, bei welcher Gelegenheit die Glasröhre des Seebarometers ohne irgend ein äußeres Dahinwirken plötzlich sprang, so daß wir uns in der unangenehmen Nothwendigkeit sahen, unsere Fahrt ohne dieses so höchst nützliche Instrument anzutreten.

Zweite Abtheilnng.

Fahrt von Cadix nach der Magellans=Straße.

―――

Nachdem wir schließlich von dem Generalcapitán der Flotte unsere Instructionen erhalten hatten, giengen wir am Sonntage den 9ten October mit einem leichten Land=winde von Cadix unter Segel. Des sehr veränderlichen Windes wegen machten wir nur langsame Fortschritte, so daß wir uns noch bei'm Einbruch der Nacht im Angesicht der Stadt befanden. Derselbe Wind hielt die ganze Nacht durch an; indeß bekamen wir am Morgen früh, obgleich noch ziemlich entfernt, das Cap Spartel auf der Afrikanischen Küste zu Gesicht. Am Abend nahmen wir die Richtung nach den Canarischen Inseln, in deren Be=reich wir gelangten, ohne daß uns während der Fahrt ir=gend etwas Merkwürdiges aufgestoßen wäre.

Am 16ten mit Tagesanbruch gewahrten wir die Inseln Groß=Canaria und Teneriffa. Wir segelten diesen ganzen Tag über mit schwachem Winde zwischen diesen bei=den Inseln durch, bald nach Mitternacht verloren wir den Pick aus dem Gesicht. Mit ziemlich frischem Winde steuerten wir am folgenden Tage S. S. W., um desto eher aus dem Bereich der in diesen Gewässern so oft herrschenden Windstille heraus zu kommen.

Gegen die Gewohnheit, die Linie in der Nähe des Meridians von Teneriffa (10° 22' W. von Cadix) zu passiren, beschlossen wir, um die östlich von jenem Längenpuncte fast beständig herrschende Windstille zu vermeiden, sie etwas weiter westlich zwischen den 14° und 15° von Cadix zu durchschneiden.

Als wir den Wendekreis passirt waren, ward an einem Jeden von der Mannschaft eine große Schüssel mit Haspacho oder gewürztem Salat verabreicht, wodurch, und indem wir die Verdecke regelmäßig mit Essig und Salzwasser besprengen ließen, das Schiffsvolk bei Kräften und in bestem Wohlseyn erhalten wurde.

Am 24. Nachts fehlte es uns zum ersten Male in 11° N. B. an Wind. Seit wir die Canarischen Inseln aus dem Gesichte verloren hatten, war sonst auf der Fahrt nichts Bemerkenswerthes vorgefallen.

Ein heller unbewölkter Himmel, reguläre und mäßige Winde, welche das Brennende der Sonnenstrahlen mildern, und eine selten bis zum Ungestüm aufgeregte See, haben diesem Theile des Oceans den Namen der Frauen=Bai (Ladies' Bay) verschafft. Der Anblick der fliegenden Fische, der Thunfische und Benitos unterbrach in etwas die Einförmigkeit, die sich überall unsern Augen darbot. Auch hatten wir eine Menge von Landvögeln zu Gesellschaftern, welche, durch die Heftigkeit der Winde über hundert Leagues von ihrer Heimath verschlagen, dem unvermeidlichen Untergange im Wasser dadurch zu entgehen hofften, daß sie sich freiwillig in unsere Hände gaben.

Am 25. Mittags erhob sich ein Wind aus O. und O. N. O., der, obgleich schwach, uns hoffen ließ, schnell die Linie zu paſſiren. Während der Nacht überfiel uns ein heftiger Sturm, welcher, da er uns unvorbereitet traf, unſerm Takelwerke einigen Schaden zufügte; indeß hatte er doch auch das Gute, daß wir dadurch das Gleichgewicht unſeres Schiffes kennen lernten, welches ſpäterhin von ſehr erſprießlichen Folgen für uns war. Der Sturm ſprang von Norden nach Süden um; erſt nach einer Stunde klärte ſich der Himmel, der während des Ungewitters ein höchſt trauriges Anſehen angenommen hatte, wieder auf.

Den 27. Morgens trafen wir mit dem Portugieſiſchen Schiffe Pez Medeo zuſammen, welches von Liſſabon bereits acht und dreißig Tage unterweges und nach Rio Janeiro beſtimmt war. In ſeinen Berechnungen hatte es ſich ſehr geirrt; auch ſegelte es ſo ſchlecht, daß wir uns über die Kürze des Weges, den es in der langen Zeit zurückgelegt hatte, eben nicht wundern durften.

Windſtille und mäßige Winde wechſelten bis zum 31., da wir uns in 7° 30′ N. Br. befanden, mit einander ab; dann aber hielten die letzteren beſtändiger aus N. N. O. an. Am 1. November drehten ſie ſich nach S. S. O. Wir befanden uns nun in 14° W. L. von Cadix.

Weil zwei oder drei Schiffe, welche die Linie ſehr weit weſtlich von dem Meridian von Teneriffa paſſirt waren, nachher das Cap St. Auguſtin an der Braſiliſchen Küſte nicht haben umſchiffen können, ſind andere Seefahrer verleitet worden, ſich ſo viel wie möglich, in der Nähe deſſelben zu halten, obgleich die Erfahrung gelehrt hat, daß die Windſtillen häufiger und anhaltender, die Windſtöße und Stürme heftiger und gefährlicher nach der Küſte von Afrika zu, als weiter im Weſten ſind. Auch wird unter einem ſolchen Himmelsſtriche die Reiſe immer mehr in die Länge gezogen, der Waſſervorrath dadurch erſchöpft, und zu Krankheiten, besonders zum Scharbock, Veranlassung gegeben. Nun muß aber die Erhaltung der Gesundheit unter der Schiffsmannschaft, stets des Commandeurs vorzüglichste Sorgfalt erregen, nicht allein, weil Menschlichkeit es gebietet, sondern weil es auch der einzige Weg ist, auf welchem die ihm anvertraute Expedition zu dem erwünschten Ziele gelangen kann. Diese Sorgfalt und Aufmerksamkeit muß noch um so größer seyn, auf einer langen Reise, auf welcher man unterweges wenig oder gar keine Erfrischungen oder sonstige Hülfe zu erwarten hat. Diese Betrachtungen führten uns nun zu dem Entschlusse, derjenigen Richtung zu folgen, welche uns am meisten nach Süden bringen würde, um je eher je lieber aus diesen den Windstillen und Windstößen so sehr unterworfenen Breitengraden zu kommen. Wir hatten überdieß schon die angenehme Bemerkung gemacht, daß unser Schiff ein ausgezeichnet guter Segler sey, daher wir mit Grund hoffen durften, daß, wenn wir auch etwas unter dem Wind kommen sollten, wir uns doch bald wieder aus dieser Lage würden herausreißen können, besonders da wir in der Art und Weise zur Berichtigung etwaiger Irrthümer in unserer Rechnung, so wie in der Berechnung unserer Lage mit Hinsicht auf die Americanische Küste sehr zuverlässig waren.

Die Winde wehten bei trübem und stürmischem Himmel fortwährend aus S. S. O. nach S. O. Am 8. gewahrten wir in einem unserer Toppmaste einen Riß von der Länge einer (Englischen) Elle und von beträchtlicher Tiefe, welches uns nöthigte, unser Segel der Stärke des Mastes mehr anzupassen.

Am 9ten November um 10 Uhr Abends durchschnitten wir endlich die Linie in 19° W. von Cadix (351° 22 von dem Meridian von Teneriffa, östlich gerechnet.)

Aus wiederholten Beobachtungen über die Veränderungen der Magnetnadel ergab sich uns, daß die im Jahre 1757 von Herrn Bellin verfertigte Variationen-Charte in der Nähe der Linie ziemlich genau ist, daß man sich aber in einiger Entfernung von derselben ja nicht zu sehr verlassen darf. Der hierüber zwischen dem Capitän Cook und Herrn von Monier obgewaltete Streit gab Anlaß zu dieser unserer Untersuchung, welche für die Meinung des Englischen Seefahrers entschied, obgleich wir von unserer Nadel nicht gerade das sagen konnten, was Capitän Cook von der seinigen sagt, daß sie nämlich vortrefflich sey.

Sobald wir in südlicher Breite angelangt waren, blies der Wind nach S.O., doch mehr nach O.; als nach S.; denselben Windstrich hatte in diesen Gewässern auch der Capitän der Spanischen Fregatte Santa Catalina, D. Joseph Varela, welcher, da er auf seiner Fahrt von Cadix nach Brasilien im Jahre 1777 genöthigt war, die Linie weit nach Westen von dem gewöhnlichen Puncte zu passiren, fürchtete, daß er das Cap St. Augustin nicht würde umsegeln können; er fand indeß, daß, je weiter er in der südlichen Hemisphäre vorrücke, und sich der Küste von Brasilien nähere, der Wind mehr nach Osten wehte, so daß er, obgleich er sich schon so weit unter dem Winde befand, daß er die Insel Fernando Noreno sehen konnte, das gedachte Vorgebirge doch ohne Schwierigkeit umschiffte. Cook widerfuhr fast dieselbe günstige Veränderung des Windes, welcher sich alle Schiffe auf ihrer Rückkehr von America nach Europa zu erfreuen haben. Aus diesen Gründen dürfte es nicht unrathsam seyn, daß Seefahrer auf der Fahrt von Europa nach Südamerica sich immer etwas auf eine solche Windveränderung verließen, und die Linie zwischen dem 15° und 20° von Cadix passirten, vorausgesetzt jedoch, daß die Beschaffenheit ihrer Schiffe ihnen eine solche Fahrt gestatte.

Capitän Cook hat seiner eigenen Erfahrung zufolge bestimmt, daß von dem Meridian von Teneriffa westlich die Strömung beständig nach Westen, dagegen östlich von diesem Meridiane stets nach Osten gehe, oder mit andern Worten, daß die Strömungen immer den respectiven Küsten von America und Africa zufließen. Unsere Erfahrung auf dieser Reise bestätigte den ersten Theil der obigen Bemerkung, welche die von einander abweichenden Nachrichten verschiedener Seefahrer in Betreff dieser Strömungen berichtigt hat.

Der Wind blies fortwährend aus Osten, bis wir den 18° S. W. erreicht hatten, da wir dann seine gewöhnliche Veränderung erfuhren; er drehte sich nämlich, so wie wir nun weiter vorrückten, mehr und mehr nach O. und N. O., so daß wir ohne die geringste Mühe bei dem Cap St. Augustin vorbei passirten, und auch ohne Furcht die Parallele der Abrojos durchschnitten, obgleich die Strömungen sich, wie wir aus unsern zur Bestimmung der Länge angestellten Beobachtungen leicht ersehen konnten, bedeutend nach Westen gewandt hatten. In 22° 45' ließ dieser Wind nach, und was bemerkenswerth ist, mit ihm hörte zugleich auch die Strömung nach W. auf. Wir segelten nun zwei Tage lang mit S. und S. W., der aber dann wieder nach N. O. umsprang.

Am 21. November trafen wir mit dem der neuen Gesellschaft der Philippinen-Inseln gehörigen Schiffe Los Placeres zusammen; es war am 1. October von Cabix nach Luna abgesegelt, und war zwei Tage später und zwei bis drei Grade östlicher, wie wir die Linie passirt. Seine Rechnung stimmte mit der unsrigen, welche wir aus unseren Beobachtungen der Mondentfernungen mittelst der Seeuhren abgeleitet hatten, völlig überein. Da wir etwas östlicher steuerten, so hatten wir dieses Schiff schon am andern Tage wieder aus dem Gesichte verloren.

In 31° 45' S. Br. drehte sich der Wind von N. und W. allmälich nach S. W. Die Erfahrung hat gelehrt, daß, wenn der Wind in diesen Breitengraden und in der Nähe der Brasilischen Küste N.O. gewesen ist, und sich nach N. und dann nach W. gedreht hat, er nachher allemal S. W. wird, aus welcher Richtung er stets mit der größten Wuth zu brausen pflegt. Dieser letztere Wind führt den Namen Pamperas, da er von den oder über die an den Ufern des la Plataflusses sich ausbreitenden unermeßlichen Ebenen oder Pampas herstreicht.

Am 11ten December kurz nach Mittag spürten wir eine schnelle, bald vorübergehende Bewegung des Schiffs, welche sich gleich darauf wiederholte, und die, nach der Meinung einiger unserer Officiere, welche schon auf früheren Reisen dieselbe Erfahrung gemacht hatten, durch ein Erdbeben veranlaßt seyn sollte. Am folgenden Tage starb der Matrose Alonzo Mateo, an welchem man keine andern Symptome von Krankheit bemerkt hatte, als eine heftige Colik, welche ihn nach wenigen Stunden hinraffte. So schmerzhaft uns auch der Verlust eines unserer Reisegefährten seyn mußte, so erfreuend war es wieder für uns zu sehen, daß alle übrigen fortwährend der besten Gesundheit genossen, und daß der Uebergang aus einem warmen Klima in ein kaltes keinen bedeutenden Einfluß auf sie geäußert hatte.

Von dem 43° S. Br. nahmen wir unsere Richtung gegen das Cap Blanco, bekamen dasselbe aber der westlichen Winde wegen nicht zu Gesicht.

Wir können es den nach der Magellansstraße oder nach dem stillen Meere bestimmten Seefahrern nicht genug anempfehlen, sich im Sommer, d. i. in den Monaten November, December, Januar und Februar, während welches

Zeit die Seitenwinde aus S. O. fehlen, so nahe wie mög‑
lich an der Patagonischen Küste zu halten, weil sonst die
von N. W. nach S. W. herrschenden Winde sie dann dar‑
an verhindern würden, wenn es durchaus nothwendig ist.
Würde ein Schiff auf der Fahrt nach Lima zu weit öst‑
lich von dem Cap de las Virgines (Jungfrauen‑Vorge‑
birge) segeln, und in dieser Breite mit S. W. Winden
zusammentreffen, so würde es ihm unendliche Mühe ko‑
sten, die Staaten‑Insel zu entdecken, und es sich folglich
unnöthigerweise die Schwierigkeiten und Gefahren einer
Reise, welche schon an sich eine der gewagtesten und müh‑
seligsten ist, noch vergrößern.

Endlich am Abend des 13ten December fanden wir
Ankergrund in 60 Faden feinen braunen Sand. Wir wa‑
ren nach Herrn Bellin's Charte damals etwa 64 Lea‑
gues vom Lande entfernt. Unsere Seeuhren und Mond‑
beobachtungen zeigten uns 55° W. L., Breite 45° 35'
5" S. Wir nahmen nun die Richtung nach S. S. W.

Wir können uns hier der Bemerkung nicht erwehren,
daß der Ankergrund an der Patagonischen Küste keines‑
weges so regelmäßig ist, wie einige Seefahrer sich ihn ge‑
dacht haben. Es ist nämlich eine sehr gewöhnliche Mei‑
nung, daß die Anzahl der Seemeilen, in deren Weite man
vom Lande entfernt ist, in der Regel der Anzahl der Fa‑
den Wasser gleich komme. Nun fanden wir aber, indem
wir uns der Küste näherten, mehrere Male, daß die Tiefe
des Wassers nicht ab‑, sondern zunahm. Als zuverlässige
Regel kann man jedoch, wie viele Seefahrer bemerkt ha‑
ben, annehmen, daß man in 18 bis 24 Faden Wasser ge‑
wöhnlich Land sieht.

Man läuft übrigens nicht die mindeste Gefahr, wenn
man sich der Patagonischen Küste nähert, da diese überall
frei von Sandbänken und Felsriffen ist, außer in 48° 34'

S. Br., wo sich fünf bis sechs Seemeilen von der Küste eine Sandbank befindet. Die beiden Brüder Nodal und Herr de Bougainville, welche diese Gewässer, Ersterer im Jahre 1619, Letzterer im Jahre 1764, befuhren, haben beiderseits ihre Lage sehr übereinstimmend angegeben, so daß also über ihre Existenz kein Zweifel obwalten darf.

Von der Zeit an, daß wir Ankergrund faßten, sahen wir eine ungeheure Menge Seevögel, auch viele Wallfische, Seelöwen oder Robben, welche in diesen Gewässern sehr zu Hause sind.

Am 18. December mit Sonnenuntergang, hatten wir endlich die Freude, in der Entfernung von fünf bis sechs Meilen und in 51° S. B. Land zu erblicken. Der Himmel war aber so trübe, daß wir uns über den Theil des Landes, welchen wir sahen, nicht genau zu orientiren wußten; aus der Breite schlossen wir indeß, daß es die Bai an der Mündung des Flusses Santa Cruz sey. Wir befanden uns in 45° Faden Wasser mit braunen und schwarzem Sande. Wir fuhren die ganze Nacht längs der Küste hin, indem wir südlich und südwestlich steuerten, und von Zeit zu Zeit sondirten, da wir dann stets 48 bis 43 Faden feinen braunen und schwarzen Sand fanden. Am Morgen gewahrten wir das Cap de Barreras Blancas, welches von Wallis und andern fremden Seefahrern Cap Fair Weather (Schönes Wetter) genannt wird. Nach unsern am Mittage angestellten Beobachtungen liegt dieses Vorgebirge in 51° 31′ 30″ S. B. und, wenn man den Unterschied der Meridiane zwischen denselben und dem Cap de las Virgines mißt, in 62° 40′ 30″. W. L. von Cadix.

Im Süden des Cap Fair Weather erblickten wir sieben kleine Hügel in ziemlicher Entfernung von der Küste, aber sehr nahe bei einander, daher wir ihnen den Namen Los Frayles (die Mönche) beilegten.

Um 11 Uhr Vormittags bekamen wir endlich das lang ersehnte Cap de las Virgines zu Gesicht. Der Wind hatte den ganzen Tag sehr stark aus S. W. geweht; um 3 Uhr Nachmittag aber legte er sich, da wir dann in Betracht, daß wir unter dem Schutze des Landes sicher liegen würden, ohne in dem Falle, daß der Wind stärker und widriger würde, befürchten zu müssen, unter den Wind getrieben zu werden, beschlossen, hier eine günstige Gelegenheit zum Einlaufen in die Magellansstraße, von welcher das letztgedachte Vorgebirge die nördliche und östliche Spitze bildet, abzuwarten. Demnach giengen wir in 28 Faden feinen Sand und in der Entfernung von vier Leagues nördlich von diesem Vorgebirge und eine und eine halbe Seemeile von der Patagonischen Küste, vor Anker.

Dritte Abtheilung.
Fahrt in der Straße.

Wir hätten kaum den Anker fallen lassen und das Boot ausgesetzt, als wir an dem gegenüber liegenden Ufer eine Menge Feuer gewahrten. Voller Begierde ein bisher so verschieden beschriebenes Land mit eigenen Augen zu untersuchen, ruderten wir an den Theil des Ufers, wo wir mehrere Eingeborne versammelt sahen. Sie waren sämmtlich zu Pferde und ließen anfangs einige Furcht vor uns blicken. Da wir sie aber durch Zeichen mit unserer freundschaftlichen Absicht bekannt machten, und sie mit einigen Kleinigkeiten beschenkten, gewannen wir ihr Vertrauen bald in solchem Grade, daß zwei von ihnen unserer Einladung, mit an Bord der Fregatte zu kommen, folgten. Die Sorglosigkeit, womit diese ihre Cameraden, ihre Pferde und andere Gegenstände ihrer Habe, deren sie bei dem Besuche nicht bedurften, an der Küste zurückließen, war uns ein überzeugender Beweis von der redlichen, zutrauensvollen Gemüthsart, welche unter diesen Naturmenschen herrscht. Einer von unsern beiden Gästen sprach einige Worte Spanisch, woraus wir schlossen, daß er mit den Spanischen Niederlassungen an der Nordküste in lebhaftem Verkehr gestanden haben mußte. Er führte die Namen mehrerer Spanier an, unter andern die des Capitán Antonio

Biedma und des Steuermanns Bernardo Tafor; auch trug er eine Art Mantel über den Kopf geschlagen, welcher aus, von unsern Colonisten in der Provinz la Plata fabricirten Tuche verfertigt war; kurz sein ganzer Anzug glich dem der Creolen von Südamerica, mit dem bloßen Zusatze eines Ueberwurfes, welcher aus Llama= oder Guanaco=Häuten zusammen geheftet und ganz von der Art war, wie sie von den Indianern der gedachten Provinz zum Verkauf verfertigt werden. Er nannte sich übrigens Francisco Xavier und war von gewöhnlicher Mannesgröße, schien aber dessenungeachtet über seinen Begleiter, dessen riesenhafte Gestalt, er hatte nämlich sechs Fuß eilf und einen halben Zoll Spanisches Maaß, uns Bewohner der alten Welt in nicht geringes Erstaunen setzte, eine vollkommene Authorität auszuüben. Auf einen Säbel an seiner Seite, schien er sich nicht wenig einzubilden. Auf vieles Bitten ließ er uns denselben in genauen Augenschein nehmen; derselbe stak in einer Scheide; auf der Klinge standen die Worte: Por el Rey Carlos III. (für König Carl III.) Beide trugen übrigens Lanzen und Bogen, welche Waffen auch in der Provinz Buenos Ayres sehr im Gange sind.

Um uns für unsere Gefälligkeit zu danken, suchte Francisco auf alle mögliche Weise unsere Neugierde zu stillen. Da er uns im Anschauen seines Gefährten, welcher um die Augen mit kreisförmigen, oben rothen, unten schwarzen Figuren bemalt war, vertieft sah, befahl er ihm, die Malerei wegzuwischen, welches dieser denn auch gleich mit dem Zipfel seines Mantels that.

Sie betrugen sich beide gegen uns mit vieler Zutraulichkeit und Herzlichkeit und gaben uns zu erkennen, daß sie durchaus nicht fürchteten, etwas Uebles von uns zu erfahren. Sie rauchten Taback und setzten sich mit uns zu

Tische, wobei sie sich sehr geschickt unserer Tischgeräthe zu bedienen wußten; indeß weigerten sie sich durchaus, Wein oder Branntwein zu trinken. Francisco, welchen man endlich doch dahin gebracht hatte, etwas von dem Branntweine zu kosten, spie solchen gleich wieder aus, und warnte seinen Cameraden aufs Nachdrücklichste vor diesem Getränke, indem er uns zugleich zu verstehen gab, daß er die nachtheiligen Wirkungen desselben sehr wohl kenne.

Wir ließen Betten für sie zurecht machen und sie, die mit unserer Bewirthung sehr zufrieden zu seyn schienen, am andern Morgen wieder an's Ufer fahren. Nachdem sie gelandet waren, baten sie die Leute im Boote, so lange zu warten, bis sie ihnen ein Geschenk von Llama=Fleisch und Häuten bringen würden; diese konnten indeß, zufolge ihrer ausdrücklichen Instruction, unverzüglich zur Fregatte zurückzukehren, von dem freundlichen Ansuchen keinen Gebrauch machen.

Wir blieben auf diesem Ankerplatze bis zum 22. Morgens, währenddem zu Zeiten ein recht frischer Wind aus S. W. wehte, zu andern Zeiten aber völlige Windstille herrschte. Da am gedachten Tage sich ein starker Wind aus N. und N. W. erhob, so steuerten wir weiter auf das Cap de las Virgines los, indem wir unsere Barkasse zur Sondirung des Ankergrundes eine kleine Strecke vorausfahren ließen. Um drei Uhr N. M. kamen wir an die Mündung der Straße, und giengen, da sich um fünf Uhr die Strömung gegen uns setzte, eine Meile von der Nordküste und zwei Leagues innerhalb der Straße vor Anker.

Da um 8 Uhr N. M. die Strömung sich gewandt hatte und das Wetter völlig stille war, so verließen wir unseren Ankerplatz, um einen bessern aufzusuchen. Von unserer Barkasse und einem andern Boote mit Hülfe der nunmehr günstigen Strömung bugsirt, fuhren wir bis 11 Uhr N. M., da wir in 15 Faden schlammigen und sandigen Grund wieder Anker warfen.

Wir bemerkten keine Veränderung in den Strömungen bis etwa um 3½ Uhr N. M. des 23., da wir mit dem Vordertheile nach N. W. lagen; um fünf Uhr richtete sie ihre Stärke nach S. O.

Die Patagonier, welche sich den ganzen gestrigen Tag an dem, dem Schiffe gegenüberliegenden Ufer aufgehalten, sich aber mit Sonnenuntergang in einige von der See entfernte Erdgruben zurückgezogen hatten, kehrten bei Tagesanbruch, in größerer Anzahl, als vorher, und sämmtlich wieder zu Pferde, und von ihren Hunden begleitet, an das Meeresufer zurück. Mehrere von ihnen stiegen von ihren Pferden ab und begannen, zum Zeichen ihrer freundschaftlichen Gesinnungen, zu tanzen und umher zu springen.

Die Sicherheit unseres Schiffes machte die Auffindung eines bessern Ankerplatzes zur strikten Nothwendigkeit; wir giengen daher um 8 Uhr N. M., als der Strom seinen Lauf verändert hatte, unter Segel und steuerten nach der Possessions-Bai, indem wir unsere Bárkasse wieder vorausschickten. Nachdem wir zwei Stunden, bis wir in sieben Faden feinen braunen Sand gelangten, nördlich lavirt hatten, legten wir nach Süden um; bevor dieß aber geschehen konnte, kam das Schiff, welches nur einen kleinen Raum zum Umwenden hatte, in weniger als vier Faden Wasser und der Küste so nahe, daß es nur etwas über eine Kabeltaus-Länge von derselben entfernt war und wir die Eingeborenen ganz deutlich Worte unserer Matrosen wiederholen hörten, welches in der That einen starken Beweis von der Schärfe ihres Gehörs und der großen Biegsamkeit ihrer Sprachorgane abgiebt.

Wir ſetzten nach dieſem Umlegen unſere Fahrt mit einem leichten Winde aus W. nach S. W. bis 2½ Uhr N. M. fort, da wir allmählig den Ankergrund verloren; um dieſes zu vermeiden, giengen wir in 24 Faden dunkelfarbigen Sand vor Anker. Um 4½ Uhr N. M. drehte ſich der Wind nach Oſten und obgleich derſelbe uns entgegen war, ſo hofften wir doch, damit etwas weiter zu kommen. Um 6 Uhr N. M. erhob ſich aber der Wind von neuem aus Weſten; deſſenungeachtet fuhren wir bis 11½ Uhr N. M., da wir in 24 Faden feinen braunen Sand den Anker auswarfen, mit Laviren fort.

Da der Wind bald darauf ſtärker wurde, ſo geriethen wir in nicht geringe Unruhe wegen unſerer Barkaſſe, welche in einiger Entfernung von uns lag und lange gegen den Wind anſegeln mußte, bevor ſie ſich uns zur Seite legen konnte. Wir blieben die ganze Nacht vor Anker; der Wind blies heftig aus W. S. W. nach W. Um 9 Uhr Morgens rafften wir unſer Topſegel ein, um, ſobald die Strömungen nicht weiter gegen uns wären, ſogleich unter Segel zu gehen, welches dann auch um Mittag geſchah. Wir fuhren nun unter ſtätem Laviren und ſorgfältiger Unterſuchung des Meergrundes bis 7 Uhr N. M., da wir in 16 Faden braunen Sand Anker warfen. Der Wind drehte ſich alle Augenblicke, ſo daß er uns bei jedesmaligem Umlegen während ſieben Stunden entgegen war; wir machten daher nur langſame Fortſchritte, indem wir in fünf Tagen angeſtrengter Arbeit nur vier Leagues zurücklegten.

Die Strömung gieng nach S. O. bis 11½ Uhr N. M., da wir uns des mit heftigen Stößen ſich erhebenden Windes wegen, vor Anker legten. Der Himmel war die ganze Nacht hindurch wolkigt und ſtockfinſter, ſo daß wir leider das Vergnügen entbehren mußten, die Sichtbarwerdung des erſten und zweiten Trabanten des Jupiters zu beobachten, welches uns in den Stand gesetzt haben würde, den Längegrad der Lage des Cap de las Virgines genau zu bestimmen.

Wir blieben den 25. vor Anker liegen, und machten diesen Tag mehrere Versuche, um den Unterschied der Fluth und Ebbe zu bestimmen, konnten aber darin nicht nach Wunsch zum Zweck kommen, da das Schiff bei dem fortwährenden Wechsel des Windes und der Strömungen gleichsam wie in einem Strudel lag; indeß zogen wir doch aus unsern Versuchen die Gewißheit, daß das Steigen und Fallen des Wassers unbedeutend ist.

Am folgenden Tage hatten wir nur schwachen Wind und babei den Strom wieder völlig gegen uns. Gegen Abend ward das Boot ans Land gesandt, um dort die zur Aufnahme einer Charte von der Straße erforderlichen Beobachtungen anzustellen. Die Patagonier, welche sich seit einigen Tagen nicht an der Küste hatten sehen lassen, sondern etwa eine Meile weit im Lande geblieben waren, wo sie durch hochlobernde Feuer die Strenge des Klima's zu mildern gesucht hatten, kamen nun wieder, dreißig an der Zahl und sämmtlich Männer, an den Ort, worauf das Boot hinsteuerte und empfiengen unsere Leute wieder mit allen Zeichen der Freundschaft und des Wohlwollens. Wir schenkten ihnen einigen Glaskram und ließen sie sich niedersetzen, worauf wir ihnen rothe Bänder um den Nacken banden; außerdem machte unser zweiter Capitán dem Größten unter der Zahl noch eine kleine metallene Platte, auf welcher sein Name und Geburtsdatum gestochen war, zum Geschenk. Wir luden sie ein, mit uns an Bord zu fahren, welches sie aber verweigerten, da die Nacht bereits hereinbrach, um welche Zeit sie stets regelmäßig nach ihrem Wohnorte zurückkehrten, indeß versprachen sie, uns morgen oder, wie sie sich ausdrückten, mit der nächsten Sonne wieder zu besuchen. Da diese Menschen selbst keine Schiffe irgend einer Art besitzen, so haben sie auch keine eigentliche Namen dafür, sie nannten daher die Fregatte den großen und das Boot den kleinen Wagen.

Wir hatten bei dieser Zusammenkunft Gelegenheit, das ruhige Wesen und die gleichgültige Sinnesart dieser Paragonier zu bemerken. Ihr Bleiben in diesem Theil der Straße, so lange wir uns da aufhielten, schien sich mehr auf die Begierde nach einigen Glaskleinigkeiten, welche in ihren Augen Juwelen waren, als auf den Wunsch nach unserer Bekanntschaft zu gründen. Der ganze Stamm bestand aus 300 bis 400 Personen, lauter Männer und Knaben; von Frauenzimmern, welche ohne Zweifel in ihren Wohnungen geblieben waren, wohin, wie gesagt, auch die Männer zur Nachtzeit stets zurückkehrten, war keines darunter zu sehen.

Nachdem alles Erforderliche zur Aufnahme dieses Theils der Straße zu unserer Zufriedenheit geschehen war, kehrte das Boot wieder zur Fregatte zurück.

Am 27. erhob sich ein frischer Wind aus S. W. mit fürchterlichen Stößen, wobei die See so hoch gieng, daß das Schiff, welches bisher nur an einem einzelnen Anker gelegen hatte, gegen das Land zu trieb. In dieser Lage ward beschlossen, einen zweiten Anker auszuwerfen, damit wir weder den einmal gefaßten Grund verlieren, noch auch die Barkasse, welche in einiger Entfernung vor uns lag und welche, an Bord der Fregatte zu nehmen, eben so unmöglich war, als es unklug gewesen seyn würde, wenn wir sie ihrem Schicksale überlassen hätten, in Gefahr bringen möchten. Dieses Wetter hielt bis zum 29. um $4\frac{1}{4}$ Uhr N. M. an, da plötzlich nach einem heftigen Windstoße eines unserer Kabeltaue riß und das Schiff gegen den anderen Anker zu trieb; sogleich warfen wir einen dritten Anker aus, der es glücklich wieder aufbrachte. Das

Schiff war indeß schon so weit getrieben, daß wir die Landspitze von Miera nur noch etwa zwei Meilen hinter uns hatten. Es blieb uns in dieser Lage keine andere Wahl übrig, als entweder unser Schicksal von dem Widerstande der beiden Kabeltaue abhängig zu machen, oder sofort unter Segel zu gehen, bevor es uns bei noch etwas weiterem Treiben durchaus unmöglich seyn würde. Dieses Letztere war in dem gegenwärtigen Zustande des Schiffes und weil die Heftigkeit des Windes es nicht zuließ, viele Segel aufzuziehen, eben so mühsam als gefährlich, wir beschlossen indeß, diesen Rettungsweg zu versuchen, selbst mit Gefahr, unsere Barkasse dabei zu verlieren. Wir zerhieben demnach die Ankertaue und giengen unter Segel; dieses Alles ward so schnell und mit so wünschenswerthem Erfolge ausgeführt, daß wir mittelst der Strömung und der guten Beschaffenheit des Schiffs dieser drohenden Gefahr glücklich entgiengen, obgleich mit den größten Aufopferungen, welche wir in unseren damaligen Umständen nur machen konnten. Dieses unglückliche Ereigniß kostete uns nämlich drei Anker und mehr als vier Kabeltaue, welcher Verlust uns in der That mit Furcht vor dem Ausgange unserer Unternehmung erfüllte. Indeß wird man bei gehöriger Berücksichtigung aller dabei vorgewalteten Umstände eingestehen müssen, daß die obigen Schritte von der dringendsten Nothwendigkeit vorgeschrieben waren und daß der stürmische Wind, welcher unsern Verlust herbeiführte, zu der Zeit nicht wohl zu erwarten stand, besonders an einem Orte, wo die meisten frühern Reisenden ebenfalls vor Anker gelegen hatten. Wir segelten nun wieder aus der Straße heraus und steuerten dann nördlich, bis wir unter den Schutz des Landes gelangten, da wir dann unsere Barkasse wieder einnahmen, welches indeß nicht ohne die größten Anstrengungen und auch nicht ohne beträchtlichen Schaden für das Fahrzeug bewerkstelligt ward, der Wind hielt die ganze Nacht aus Westen mit solcher Wuth an, daß wir bloß das Besansegel aufziehen konnten und wir uns am Morgen über sechzehn Seemeilen von der Küste abgetrieben sahen.

Wir hatten zur Fortsetzung unserer Unternehmung jetzt nur noch drei Anker und zwei kleinere, welche zusammengebunden für einen gelten konnten, so wie zwei ganze Kabeltaue und zwei Stücke von denen, welche bei dem letzten Unfalle daraufgegangen waren, übrig; aber ungeachtet dieser geringen Mittel ward von sämmtlichen an Bord befindlichen Officieren einmüthig beschlossen, mit dem ersten günstigen Winde wieder in die Straße einzusegeln. Da nun am 31. Morgens der Wind, der übrigens fortwährend aus W. S. W. wehte, an Stärke bedeutend abgenommen hatte, so richteten wir unsern Lauf nach Süden und bekamen am 1. Januar mit Tagesanbruch das Cap de las Virgines, in der Entfernung von etwa vier Leagues wieder zu Gesicht. Um 8 Uhr V. M. kamen wir an die Mündung der Straße. Nachdem wir den ganzen Tag gegen den Wind gearbeitet hatten, nahm dieser am Abend wieder eine so drohende Gestalt an, daß wir es für das Rathsamste hielten, unter dem Schutze des Landes im Norden des gedachten Vorgebirges vor Anker zu gehen, um dort ein zu unserm Vorhaben günstigeres Wetter abzuwarten.

Als am 2. Januar der Wind sich wieder etwas gelegt hatte, liefen wir zum dritten Male in die Straße ein. Wir lavirten ohne großen Erfolg, bis um 1½ Uhr N. M. eine völlige Windstille eintrat; da nun auch der Strom uns entgegen war, so ließen wir einen unserer kleinen Anker in 43 Faden feinen Sand- und Muschelgrund, vier Leagues weit vom Cap de las Virgines, fallen. Um 3 Uhr N. M. sprang der Wind nach S. W. um und zu gleicher Zeit minderte sich auch die Gewalt des Stroms; wir lichteten demnach sofort die Anker und blieben auch troz des Einbruchs der Nacht und des mit Wolken umzogenen Himmels unter Segel, weil wir selbst in diesen gefährlichen Gewässern lieber die Nacht hindurch gegen den Wind segeln, als noch einmal unsere Kabeltaue und Anker auf's Spiel setzen wollten. Wir brachten die Nacht unter stetem Laviren und Sondiren zu, indem wir jedesmal, wenn wir in 14, 15 oder 16 Faden Wasser kamen, umlegten.

Uebrigens scheint die Bemerkung, daß, wenn in diesen Gewässern die Strömungen sehr stark nach Osten, aber fast unmerklich nach Westen gehen, dieß immer ein Zeichen sey, daß die Winde aus Westen ungestüm und stürmisch würden, auf guten Grund zu beruhen, denn bei diesem unserm dritten Versuche zum Einlaufen in die Straße, in welcher der Westwind vorher weder anhaltend, noch heftig gewesen war, fanden wir, daß die Strömung sich sehr zu unsern Gunsten verändert hatte. So wenig rathsam es nun auch ist, des Nachts in solchen engen Durchfahrten zu laviren, so ergab sich uns doch am Morgen, daß wir in dieser kurzen Zeit weiter in der Straße vorgeschritten waren, als in allen vorhergehenden Tagen. Um 11 Uhr V. M. erreichten wir das Cap Possession, obgleich der Wind noch immer aus Westen blies. Um 6 Uhr N. M., als dieses Vorgebirge N. 25° O. und der Aymon's-Hügel W. 54° N. lag, ankerten wir bei völlig stillem Wetter, in 10 Faden braunen Sand, und setzten das Boot aus, um in der Nähe der Fregatte zu sondiren, und den Canal aufzusuchen, der zu dem ersten Passe, Nuestra Señora de la Esperanga genannt, führt. Um 6½ Uhr N. M. richtete sich die Strömung nach S. W., und legte in dieser Richtung um 7½ Uhr zwei Meilen in einer Stunde zurück. Um 9 Uhr N. M. kam das Boot mit der Nachricht zurück, daß sich nach W. N. W. hinlängliches Fahrwasser befinde, daß sie sich aber nach dem Eingange zu dem Passe vergebens umgesehen hätten. Um 9½

Uhr N.M. giengen wir zur Aufsuchung eines bessern Ankerplatzes unter Segel, und um 10½ Uhr in 23 Faden Sand und Steine wieder vor Anker. Die größte Stärke des Stroms, welche wir hier sahen, war drei Meilen in einer Stunde.

Als am folgenden Morgen um 8 Uhr die Strömung, welche seit 2 Uhr ihren Lauf nach N. O. genommen hatte, bedeutend schwächer geworden war, giengen wir wieder unter Segel, und wurden gegen Mittag, da wir uns dem Passe gegenüber befanden, von der aus Westen kommenden Strömung sogar gegen den Wind fortgetrieben, bis wir die Mitte des Canals erreichten, da wir dann, weil der Wind sich legte, und der Strom sich wieder nach N. O. wandte, genöthigt waren, hart an dem nördlichen Ufer des Passes in 38 Faden vor Anker zu gehen. Wir sandten sogleich das Boot an's Land, um in unsern geometrischen Arbeiten fortzufahren. Dasselbe kehrte, nachdem Alles zu unserer Zufriedenheit geschehen war, um 8 Uhr mit einer beträchtlichen Menge Schalthiere zurück. Die Mannschaft des Boots hatte sich vergeblich bemüht, einige Lamas oder Guanaws zu erjagen, so viele deren auch gesehen worden waren; man hatte zwar drei Zorillos (Stinkthiere) geschossen, war aber durch den abscheulichen Geruch, welchen der Urin dieser Thiere von sich giebt, und der selbst in weiter Entfernung auf die Nase wirkt, genöthigt worden, ihre Beute in die See zu werfen.

Die Stärke der Strömung nahm fortwährend zu, bis sie um 7 Uhr N. W. 7⅔ Meilen in einer Stunde lief. Es läßt sich hieraus, wenn man annimmt, daß sie ihre größte Stärke in der Mitte des Passes übt, mit Grund schließen, daß sie die reißendste auf der ganzen Erde ist.

Am Abend dieses Tages hörten zum ersten Male die herrschenden Westwinde auf, und es wehte nun drei Stun=

ben hinter einander sehr frisch aus N. O. und N. Trotz den Gefahren einer nächtlichen Fahrt in diesen Gewässern, glaubten wir doch, uns diesen Wind und die darnach zu erwartende günstige Strömung zu Nutze machen zu müssen, und dachten, als wir segelfertig waren, keineswegs daran, daß noch an der Stelle, wo wir lagen, neue Unfälle unserer warteten. Weder die beiden Cabstans, noch andere Hülfsmittel waren im Stande, den Anker zu heben; Alles gab nach, und das Kabeltau riß da, wo es am Hauptmast befestigt war. Es war nun höchst schwierig, in der Dunkelheit unter Segel zu gehen, um so mehr, da der nach S. W. laufende Strom so stark war, daß er Anfangs 4⅔ Meilen und nachher gar 6 Meilen in der Stunde zurücklegte. Unsere Lage war in der That schrecklich, da das Schiff, der Strömung ganz und gar überlassen, von demselben in der Straße fortgetrieben ward. Wir mußten nun nichts Besseres zu thun, als fortwährend den Grund zu sondiren, und suchten zugleich aus einem sich erhebenden leichten S. W. Winde Vortheil zu ziehen, um, wo möglich, in der Mitte des Passes zu bleiben. Als wir endlich das Kabeltau eingezogen hatten, fanden wir, daß der Anker entzwei gebrochen, und der größte Theil desselben in der See zurückgeblieben war. Wie schmerzlich dieser Verlust für uns war, läßt sich leicht beurtheilen, wenn man bedenkt, daß es hier, wo die Gefahren, denen wir beständig ausgesetzt waren, Kabeltaue und Anker zur unumgänglichen Nothwendigkeit machen, durchaus an allen Mitteln zur Ersetzung unsers Schadens fehlte. Ungeachtet beinahe völlige Windstille herrschte, brachte uns der reißende Strom bald aus dem westlichen Ende des Passes. Um 2 Uhr V. M. erhob sich ein leichter Wind aus W., mit welchem wir eine halbe Stunde nachher an die nördliche Küste gelangten, worauf wir in der St. Gregorio's-Bai, in der Entfernung von zwei Leagues von dem Vorgebirge gleiches Namens, vor Anker giengen. Wir waren in der Nacht fast allein durch die Strömung sieben Meilen weiter gekommen.

Um 9½ Uhr V. M. lichteten wir wieder die Anker, und trieben mit der uns günstigen Strömung, ohne allen Wind, bis 11½ Uhr, da sich ein leises Lüftchen aus S. W. erhob. Nach vielem Laviren kamen wir durch den zweiten Paß dieser Straße, und boten nun alle Kräfte auf, um den Ankerplatz bei der Insel St. Isabel (Elisabeth) zu erreichen, obgleich der Wind jetzt frisch aus S. W. blies. Da aber bald darauf die Strömung ihren Lauf veränderte, mußten wir uns nach einem sichern Ankerplatze umsehen, wo wir die Rückkehr derselben zu unsern Gunsten abwarten konnten. Weil wir aber doch den bereits gewonnenen Raum in der Straße nicht gerne wieder aufgeben wollten, so ward beschlossen, die erste beste Gelegenheit, welche sich uns an der Nordseite dieses Passes zum Ankern darbieten würde, zu benutzen. Endlich kamen wir an eine Stelle, welche einigen Schutz gewährte, und warfen hier in fünf Faden Sand den Anker aus; das Wasser fiel aber schnell bis auf einen Faden, daher wir diesen Gefahr drohenden Ort eiligst wieder verließen, wobei wir uns, da Wind und Strömung gegen uns waren, sehr glücklich schätzen mußten, daß wir die Anker noch schnell genug lichten konnten. An eben derselben Stelle ankerte auch einst Sarmiento, der aber auch aus derselben Ursache sie zu verlassen genöthigt war. Derselbe nannte die Bai Santa Susanna.

Vom Bord der Fregatte bemerkten wir in der Entfernung von etwa zwei Meilen und ziemlich weit von der nördlichen Küste liegend, eine Sandbank, welche noch auf keiner Charte und in keinem Berichte früherer Seefahrer angeführt ist. Als wir in ihrer Nähe gelangten, sahen wir, daß sie sich beträchtlich weit in unserer Richtung er-

ſtreckte. Bei dem Falle einer Welle ſtießen wir, ohne je=
doch bedeutenden Schaden zu leiden, mit dem Steuerbord
auf die Sandbank, wir ſetzten nun gleich alle Segel bei,
bis wir in tieferes Waſſer gelangten, kehrten aber bei ein=
brechender Nacht wieder in die St. Gregorio's = Bai
zurück. Die Heftigkeit des W. und S. W. Windes hielt
uns auf dieſem Ankerplatze bis zum 8. Morgens feſt, da
wir dann mit friſchem Weſtwinde und bei völlig heiterm
Himmel wieder unter Segel giengen. Das Kabeltau, wel=
ches uns auf dieſem letztern Ankerplatze gedient hatte, war
durch den Schiffskiel ſtark beſchädigt worden, weil der
Strom, deſſen Stärke indeß vier Meilen in der Stunde
nicht überſchritten hatte, gegen den Wind gerichtet geweſen
war. Dieſer Umſtand fügte zu den Mängeln unſers
Schiffs nicht wenig bei; indeß war man doch wieder ein=
müthig der Meinung, daß die Ausführung des uns ge=
wordenen Auftrags darum nicht aufgegeben werden dürfe.

Vom Winde, welcher von N. W. nach N. N. O.
umſprang, begünſtigt, ſegelten wir ohne Mühe durch den
zweiten Paß von St. Simon, und ſteuerten dann nach
dem Canal zwiſchen der Inſel St. Eliſabeth und den
beiden kleinen Inſeln St. Magdalena und St. Mar=
tha, welcher wegen der vielen Felſenriffe, die von allen
dieſen Inſeln auslaufen, die gefährlichſte Durchfahrt in
der Straße bildet. Auch blieben wir auf dieſer Fahrt
nicht lange von Beſchwerlichkeiten und Gefahren frei; denn
der Wind ſprang plötzlich nach W. S. W. um, und trieb
uns über die von der St Magdalenen = Inſel auslaufen=
den Felſenriffe weg unter das Seegras, welches ſich überall
auf den Sandbänken und Felſenriffen in dieſer Straße be=
findet, von den Spaniſchen Seeleuten Cachiyullo und
von Naturforſchern fucus giganteus antarcticus genannt
wird. Die Windſtöße wurden ſtärker, als je zuvor, der
Himmel verdunkelte ſich mehr und mehr, der Grund ward,

je weiter wir kamen, steiniger und sandiger, und die Tiefe des Wassers nahm so schnell ab, daß wir an beiden Seiten des Schiffes zuletzt nur vier Faden Wasser hatten; dieses Alles versetzte uns in die traurigste Lage, worin wir noch bis jetzt gewesen waren. Um uns der Sandbank nicht noch weiter zu nähern, mußten wir alle Segel beisetzen; doch durften wir, da die Gefahr sich uns von allen Seiten entgegenthürmte, nicht lange in einer Richtung bleiben, sondern mußten alle Augenblicke unseren Lauf verändern, wobei wir die Folgen, welche der Verlust der Fregatte in einer solchen Lage nach sich ziehen mußte, stets in ihrer ganzen schrecklichen Gestalt vor Augen hatten. Endlich hatten wir das Glück, tieferen Grund zu finden, kamen aber, im Verfolgen dieser Richtung, wieder in die Nähe einer andern Sandbank, welche von Capitän Wallis ebenfalls bemerkt worden ist; auch dieser Gefahr entgiengen wir glücklich, und fanden bald mittelst des Senkbleis, daß die Tiefe mehr und mehr zunähme. Wir steuerten nun nach Westen, und hielten uns alsdann längs dem nördlichen Ufer der Straße, auf welcher Fahrt uns die aus den Zwischenräumen in den Gebirgen hervorbrausenden Windstöße viel zu schaffen machten. Gegen Abend giengen wir etwa eine Meile vom Lande, und eine Seemeile nördlich von der Landspitze St. Maria vor Anker. Wir hatten während dieses ganzen Schreckenstages nur unbedeutenden Schaden erlitten, und übrigens die Erfahrung gemacht, daß wir es allen denen, welche diese Gewässer befahren, auf's Ernstlichste anempfehlen können, sich so nahe wie möglich, an der Küste zu halten, wenn sie nicht denselben Gefahren ausgesetzt seyn wollen, denen wir nur mit so genauer Noth entgangen waren.

Das Wetter war die ganze Nacht hindurch trübe, und wechselte mit Regen und Schneeschauern ab. Der Wind hielt mit heftigen Stößen an, welche indeß nur auf den obern Theil des Schiffs wirkten, da der Rumpf desselben unter dem Schutze des Landes lag. Den folgenden Tag brachten wir damit zu, mit dem Boote die interessantesten Parthien der Küste zu untersuchen, so wie die zur Aufnahme unserer Charte erforderlichen Beobachtungen anzustellen, welchen letzteren Punct wir selbst in den Zeiten der größten Anstrengungen und Gefahren nicht aus den Augen verloren.

Das Boot kehrte von dieser Untersuchungsfahrt mit fünf Indianern zurück, welche man am Ufer angetroffen hatte, und deren Nacktheit, ekelhaftes Aussehen und Dummheit uns zugleich mit Widerwillen und Mitleiden erfüllte. Nothwendig mußten sich Gefühle dieser Art in uns aufregen, bei dem Anblicke dieser unglücklichen Geschöpfe, die übrigens, trotz des Elends, worin sie leben, mit ihrem Schicksale zufrieden zu seyn scheinen; ohne Zweifel haben sie dieses Glück ihrem beschränkten Begriffsvermögen zu danken, denn, da sie solche Dinge, welche nicht zur dringenden Nothdurft gehören, nicht kennen, so wissen sie auch nichts von Entbehrung. Nach ihrer Rückkehr an das Land, begleiteten sie, in Gesellschaft mehrerer ihrer Cameraden, welche auf sie gewartet hatten, die Fregatte längs dem Ufer auf ihrer Fahrt nach Puerto de la Hámbre (Port famine oder Hungerhaven.)

Am 10ten Julius segelten wir nach jenem Haven, wo wir um 1 Uhr N. M. in 28 Faden Anker warfen, nachdem wir auf der ganzen Fahrt gegen den aus W N. W. nach W. S. W. wehenden Wind hatten laviren müssen. Den Seefahrern, welche längs dieser Küste segeln, können wir es nicht genug anempfehlen, ihre Topsegel stets aufgerafft zu halten, weil sie sich sonst wegen der plötzlichen Windstöße, welche durch die rauhen Oeffnungen der Berge auf sie losstürmen, auf beträchtlichen Schaden gefaßt machen müssen.

Port famine oder der Hungerhaven hat übrigens seinen Namen von den unglücklichen Uebriggebliebenen der Niederlassung von San Felipe, welche der Englische Reisende Cavendish im Jahre 1587, mit Kälte, Hunger und sonstigem Elende kämpfend antraf. Wir, unsererseits, fanden in diesem Haven Mittel, einen Theil unserer erlittenen Schäden zu ersetzen, uns mit Wasser, Holz, Fischen und einigen andern Artikeln zu versehen, mancherlei Kenntnisse über die Bewohner dieses Theils der Straße zu sammeln und endlich die Fregatte zu einem gewissen Grad von Sicherheit zu verhelfen, während die Bote mit der Untersuchung der beiden Seiten der Straße beschäftigt waren. Auch ließen wir hier unsere Barkasse wieder völlig in Stand setzen, und errichteten ein Gerüst, um unsere beiden kleinen Anker, mittelst eines Holländischen vierzehnzölligen Kabeltaues mit einander zu verbinden; zugleich wurden hier, um die Läge der Breite dieses Havens genau zu bestimmen, mehrere Meridian-Sonnenhöhen genommen. Endlich war auch der Genuß der wilden Petersilie, welche hier an den Küsten in großem Ueberflusse wächst, die Gelegenheit an's Land zu gehen, so wie die Befreiung von der beständigen Arbeit und Angst, welche wir so lange ausgestanden hatten, von unberechnenden Nutzen für die Mannschaft der Fregatte, deren Ausdauer, guter Wille und durchgängiges Wohlseyn sich leichter bewundern, als beschreiben läßt.

Als wir mit der Untersuchung des Havens und der benachbarten Küstengegend fertig waren, ward das Boot wieder zu anderweitigen Expeditionen ausgesandt. Wir fuhren damit längs dem Ufer bis zu dem westlichen Ufer der Franzosenbai (St. Nicolaus-Bai), von wo wir, die Straße durchschneidend, auf der Seite des Feuerlandes zu einer vortrefflichen Bai und einem ebenfalls sehr guten Haven gelangten, welchen beiden wir, da ihrer noch von keinem früheren Reisenden Erwähnung geschehen ist, zu Ehren des Don Antonio de Valdés die Namen Valdés-Bai und Port Antonio beilegten.

Die Eingebornen, welche sich zur Zeit, als wir in der Nähe der Landspitze St. Maria lagen, wie bereits erwähnt, an Bord der Fregatte aufgehalten hatten, waren uns, in Begleitung des übrigen Theils ihres Stammes, zusammen drei und zwanzig Personen an der Zahl, längs der Küste gefolgt, und während unsers ganzen Aufenthalts in Port famine dort am Lande geblieben. Anfangs hatten sie sich eine halbe League nördlich am Seeufer gelagert, waren aber, nachdem unsere Leute sie besucht und sie mit einigen Kleinigkeiten beschenkt, auch zugleich Waffen und Zierrathen gegen Stücken, Tuch Mützen ꝛc. von ihnen eingetauscht hatten, nach und nach zutraulicher geworden, und hatten sich dem zufolge in einige im Hintergrunde des Havens stehende Hütten einquartiert.

So lange wir in Port famine waren, war der Himmel selten unbewölkt; die herrschenden Winde kamen aus S. W. nach W. und waren oft sehr frisch. Am 19. Morgens erhob sich ein leiser Wind aus N., der aber nicht lange anhielt, sich auch, wie wir von der Mannschaft unseres Bootes, welches damals eben von seiner Fahrt nach dem Feuerlande zurückgekehrt war, hörten, nicht weit in der Meerenge erstreckt hatte.

Am 20. Januar Morgens giengen wir bei heiterm Himmel und mit einem leichten Winde aus W. S. W. von Port famine nach dem Cap St. Isidoro unter Segel. Bald darauf trat eine völlige Windstille ein, und das Schiff ward durch den Strom gegen die Küste getrieben; mit Hülfe unserer Böte gelang es uns indeß, es in gehöriger Entfernung vom Lande zu halten, bis um 5 Uhr N. M. ein aus N. O. aufspringender leichter Wind uns

ganz wieder davon abbrachte. Der Wind war nachher abwechselnd S.O und S., welches uns nöthigte, zu dem
gewöhnlichen beschwerlichen Hülfsmittel des Lavirens unsere Zuflucht zu nehmen. Bei'm Einbruch der Nacht, für
welche sich die Vorbedeutungen eben nicht günstig zeigten,
erblickten wir in beträchtlicher Entfernung von der Küste des
Feuerlandes einen mit Seegras bedeckten Fleck im Wasser,
welches allemal einen felsigen, seichten Boden, oder wenigstens eine ungleiche Wassertiefe andeutet. Wir sahen hieraus,
wie gefährlich es seyn würde, während der Nacht unter
Segel zu bleiben, und beschlossen daher, nach der Barcarcel's-Bai, welche wir vorher bereits untersucht hatten,
zu steuern. Dieses Vorhaben ward indeß vereitelt, indem
eine plötzliche Windstille eintrat, und das Schiff durch
die Strömung bis nahe an eine Reihe aus dem Wasser
hervorragender Felsen getrieben wurde, so daß wir uns
genöthigt sahen, in 15 Faden den Anker fallen zu lassen.
Das Bett der Straße ist hier an einigen Stellen so tief
und steil abhängig, daß, da wir dem Anker durch Weiter-
ziehen im Wasser eine andere Stelle geben wollten, er auf
einmal in 83 Faden sank. Durch Auswerfen eines zweiten
Ankers hielten wir indeß das Schiff im Gleichgewicht.

Am folgenden Morgen segelten wir mit einem sehr
schwachen S.W. Winde nach der Barcarcel's-Bai, in
welcher wir endlich in 40 Faden vor Anker kamen.

Die Eingebornen, welche uns wieder eilf Leagues weit
bis zu unserm jetzigen Ankerplatze das Geleit gegeben hatten, schienen dabei von keinem andern Beweggrunde beseelt
zu seyn, als sich durch die Geschenke, welche sie von uns
erhielten, und die, so gering sie auch waren, doch für sie
einen großen Werth hatten, zu bereichern. Daß Neugierde
dabei nicht im Spiele war, leuchtete uns aus wiederholten
Beobachtungen deutlich ein; diese Leidenschaft, welche sonst

dem civilisirten und dem rohen Menschen gemein zu seyn pflegt, scheint in die Gemüther dieser Wilden durchaus keinen Eingang gefunden zu haben.

Den Abend und die Nacht des 22. brachten wir mit astronomischen Beobachtungen zu, um die Lage des Cap St. Isidro, welches die östliche Spitze der Varcarels-Bai bildet, zu bestimmen, wie auch uns über den Unterschied an diesem Orte zwischen den wirklichen und den magnetischen Meridianen zu vergewissern.

Am 23. Morgens verließen wir die Bai mit N. und N.O. Winde, hatten aber kaum die Mitte der Meerenge erreicht, als sich der Wind wieder völlig legte. Gegen Abend erhob er sich wieder etwas aus S. W. nach W., womit wir nach langem Laviren endlich das Cap forward (Vorwärts), welches die äußerste Spitze an der nördlichen Küste ist, und von einem nicht sehr hohen Hügel, von Sarmiento El Marro de St. Aquela genannt, gebildet wird, zu Gesicht bekamen.

Da das Wetter gegen Abend ein gutes Ansehen gewann, beschlossen wir die Nacht hindurch zu segeln, wobei wir übrigens, wenn wir nördlich steuerten, sehr aufmerksam auf die Küste seyn mußten, da das Wasser an dieser Seite ganz nahe am Lande so tief ist, daß wir ohne diese Vorsicht, bevor wir noch die mindeste Ahndung von der Gefahr gehabt hätten, leicht würden haben auf den Strand laufen können.

Obgleich es den größten Theil des folgenden Tages völlig windstill war, so erreichten wir doch theils durch einige zwischendurch sich erhebende leise Luftzüge, theils durch Bugsiren das Cap forward, dessen Breite wir nach einer um Mittag angestellten genauen Beobachtung für 53° 55' S. erkannten. Zwar weicht diese Lagenbestimmung von der anderer Seefahrer um 10 bis 12′ ab; wir glauben aber doch der Wahrheit am nächsten zu seyn; denn wir funden, nachdem wir die Länge dieses Vorgebirges mittelst der Arnoldschen Seeuhr No. 71, so wie die Lage des Havens St. Joseph, dessen Breite wir durch den Quartercircle beobachteten, bestimmt hatten, daß die Lage, die wir dem Cap forward von einem in der Nähe des gedachten Havens liegenden hohen Berge herab zu theilten, genau mit dem durch die Seeuhr erhaltenen, Unterschiede der Breite und Länge zwischen den beiden Observationspuncten übereinstimmte.

Während die Fregatte diesen Tag unter Segel war, sandten wir das Boot auf Untersuchung an beiden Seiten der Straße aus. Auch diese Nacht setzten wir die Fahrt fort, und kamen endlich am Mittage in Port Solano vor Anker, nachdem wir auf dieser beschwerlichen und langweiligen Fahrt von drei Tagen nicht mehr als eilf bis zwölf Leagues zurückgelegt hatten.

In der Solano=Bai (von den Engländern Woods=Bai oder Holz=Bai genannt) blieben wir vier Tage, während welcher wir, des dunkeln und trüben Wetters wegen, keine weitern Beobachtungen und Untersuchungen anstellen konnten, als die zur Aufnahme unserer Charte von der Straße nöthig waren. Diese Bai oder dieser Haven liegt übrigens vor den Winden aus O. S. O. nach N. und S. W. geschützt, dagegen denen aus S. völlig ausgesetzt; auch wird sie durch eine Sandbank, welche durch einen in ihr auslaufenden Fluß gebildet wird, so sehr beengt, daß ein darin vor Anker liegendes Schiff kaum Raum genug zum Umwenden hat. Der Haven liegt im Westen unter dem Schutze eines hohen Berges, welcher eine Halbinsel, gleich der von Gibraltar, bildet; am Fuße desselben erheben sich eine Menge ungeheurer, aus versteinerten Muscheln bestehender Felsenstücke, die dem Anscheine nach schon seit langer Zeit auf ihrer jetzigen Stelle gelegen haben. Die Bäume, welche aus dem obern Theile mehrerer dieser Felsenstücke hervorgesprungen sind, könnten, da alle Vegetation hier höchst langsam fortschreitet, für einen unwidersprechlichen Beweis ihres hohen Alterthums gelten.

Wir segelten am 29. Morgens, trotz des aus W. N. W wehenden Windes zur Aufsuchung eines besseren Ankerplatzes von Port Solano ab, und strengten uns möglichst an, um noch heute in der Bai von Cap Galan zu ankern. Das trübe Wetter und die mit einander abwechselnden Regen- und Schneeschauer hörten endlich auf, und wir waren gegen Abend nur noch zwei kleine Leagues von dem gewünschten Ankerplatz entfernt. Wir hatten uns vorgenommen, die Fahrt, so gefährlich sie auch zwischen den in diesem Theile der Straße befindlichen vielen Sandbänken ist, während der Nacht fortzusetzen, waren aber noch nicht weit gekommen, als wir um 9½ Uhr N. M. plötzlich in neun Faden sandigen Grund gelangten. Wir ließen nun sogleich den Anker fallen, und sandten das Boot aus, um zu sondiren und sonstige Nachrichten einzuholen. Die Nacht war glücklicherweise sehr ruhig. Bei Tagesanbruch sahen wir uns nahe bei einer Sandbank, welche von der Gaston's-Bai ausläuft, übrigens aber noch von keinem früheren Reisenden angeführt worden ist.

Den 30. früh Morgens sahen wir aus der Gaston's-Bai sieben Canots mit, unserer Rechnung nach, 73 Eingebornen von jedem Alter und Geschlecht zum Vorschein kommen. Sie näherten sich uns mit lautem Schreien und Jauchzen. Eines der Canots, welches den andern voranfuhr, kam uns bis auf Flintenschußweite nahe, worauf die in demselben befindlichen Indianer ihr Geschrei verdoppelten, indem sie häufig das Wort **Pescheri** wiederholten, und dabei ihre Waffen in die Höhe und Federn in der Hand hielten. Nachdem wir ihnen die bestmöglichste Antwort ertheilt hatten, indem wir ihnen einige Stücke Tuch entgegenhielten, legte sich das letztedachte Canot uns zur Seite, und vier der Muthigsten stiegen aus demselben ohne allen Anschein von Furcht zu uns auf's Deck. Einer derselben, welcher das Amt eines Ceremonienmeisters über sich nahm, stellte uns seine drei Gefährten vor, und wandte sich darauf an einen unserer Officiere, welchem er durch Zeichen seinen Wunsch, den Commandeur zu sehen, zu erkennen, gab. Als man ihn vor denselben hingeführt hatte, begann er von Neuem sein abscheuliches Gegurgel, dessen Sinn wir dahin auslegten, daß er für die andern Canots um die Erlaubniß bat, sich ebenfalls zu nähern. Wir machten ihm als Antwort darauf eine Kleinigkeit zum Geschenk, worauf er seinen Cameraden sogleich Signale machte, die dann auch nicht lange auf sich warten ließen, so daß das Verdeck im Augenblicke von Jedermann wimmelte. Diese glichen in Sprache, Kleidung und Gebräuchen ganz denen, welche wir in Port famine gesehen hatten, schienen aber in ihren Handlungen mehr Lebhaftigkeit und Kraft, als die letzteren zu zeigen. Bei'm Anblick unsers Schiffs und mehrerer anderen ihnen völlig fremden Gegenstände bewiesen sie die höchste Gleichgültigkeit. Ueberhaupt überzeugten wir uns aus dem, was wir jetzt, so wie nachher während unsers Aufenthalts in Port St. Joseph an diesen Indianern bemerkten, mehr und mehr von dem elenden Zustande ihrer Existenz.

Um $8\frac{1}{2}$ Uhr V. M. bei'm Wechsel der Strömung, welche bis dahin einen langsamen Lauf nach S. O. genommen hatte, giengen wir nach Port St. Joseph unter Segel. Um 2 Uhr N. M. verließen uns die Eingebornen, die bis zu dieser Zeit vollkommen ruhig und zufrieden bei uns an Bord geblieben waren, und welche nun, nachdem wir ihnen unsere zu nehmende Richtung bedeutet hatten, in ihren Canots vor uns herfuhren.

Von der Zeit an, daß wir im Norden der Landspitze St. Maria, sechs Leagues nördlich von der Spitze St. Anna, bei Port famine vor Anker gegangen waren, hatten wir keine bedeutende Stärke in den Strömungen wahrgenommen, und uns seitdem einzig und allein durch Laviren weiter geholfen.

Am 30. um 3 Uhr N. M. ankerten wir in der Bai oder in der Rhede von Cap Galan, welches etwa eine halbe Meile von dem östlichen Ufer der Bai entfernt liegt. Wir blieben hier bis zum 2. Februar, ohne daß sich irgend etwas Besonderes zugetragen hätte, und brachten unsere Zeit damit zu, eine Zeichnung von der Bai zu entwerfen und unsern Holz- und Wasservorrath zu vermehren. In der Nacht, als gerade einige Officiere sich mit der Barkasse astronomischer Beobachtungen wegen am Lande befanden, erhob sich ein so heftiger Sturm, daß wir alle Augenblicke in Furcht schwebten, von unserm Anker gerissen zu werden; wir ließen daher sogleich einen zweiten fallen, mit dem festen Entschlusse, eher Alles, was wir an Bord hatten, auf's Spiel zu setzen, als unsere am Lande befindlichen Gefährten in Stich zu lassen. Zugleich hielten wir Alles in Bereitschaft, um in dem zu erwartenden Falle, daß unsere Kabeltaue reißen würden, so fort unter Segel zu gehen, obgleich wir es dann schwerlich würden haben verhindern können, auf die gegen den Wind stehenden Felsen zu stoßen, an welche die Wellen mit fürchterlichem Toben anschlugen. Dieses Brausen und die Dunkelheit der Nacht vermehrten das Schreckliche unserer Lage. Auf unserer ganzen Fahrt durch die Straße war dieser Sturm der heftigste, mit dem wir zu kämpfen hatten; auch würden unsere Kabeltaue ihm schwerlich widerstanden haben, wenn nicht glücklicherweise die Strömung gerade dem Winde entgegen gewesen wäre. Bei Tagesanbruch legte sich der Sturm etwas, brach aber einige Stunden nachher wieder mit neuer Wuth los, und hielt so ununterbrochen zwei Tage an. Da wir aus diesem Ereignisse sahen, welcher Gefahr wir in der Außenbai ausgesetzt waren, und wir zugleich den schlechten Zustand unserer Anker und Taue in Betracht zogen, so hielten wir es für rathsam, in den innern Haven, Port Galan oder St. Joseph genannt, welcher, da er von allen Seiten unter dem Schutz des Landes liegt, und vortrefflichen Ankergrund hat, völlige Sicherheit versprach, einzulaufen. Die Bai hat größtentheils Corallengrund mit einigen Sandflecken von sehr geringer Ausdehnung und war daher für Kabeltaue gleich den unsrigen, welche schon so hart mitgenommen worden waren, durchaus nicht geeignet.

Das Wetter blieb den übrigen Theil dieses Monats hindurch fortwährend dunkel und trübe; die Sonne kam immer nur auf Augenblicke zum Vorschein, und der Wind blies beständig aus W.S.W. nach W.N.W, doch nicht immer mit gleicher Stärke.

Schon von der ersten Entdeckung der Magellansstraße an, ist es stets ein Gegenstand der Untersuchung gewesen, eine Communication mit der Südsee oder dem stillen Meere ausfindig zu machen, welche, frei von den Gefahren und Beschwerden, die man in dem westlichen Theile der Straße so häufig findet, es den Seefahrern doch gestatten möchte, sich der Haven und Erfrischungsplätze, welche der östliche Theil derselben darbietet, zu bedienen. Herr Froger hat, in Folge der von dem Herrn Marcand ertheilten Nachrichten, und nach ihm auch Herr de Bougainville das Vortheilhafte eines solchen Communications-Canals dargestellt, indem sie mit vielem Eifer die

Nachrichten, die sie in dieser Beziehung gesammelt hatten, und welche zu dem beabsichtigten Zwecke behülflich seyn konnten, öffentlich bekannt machten. Um nun auch zur Erreichung dieses wichtigen Zwecks mitzuwirken, bestiegen wir einen hohen Berg in der Nähe von Port St. Joseph, von welchem wir eine Menge von Canälen, die das Feuerland durchschneiden, ansichtig wurden, und fuhren dann, mit allen in den Berichten früherer Reisenden über diesen Gegenstand vorkommenden Notizen versehen, in unserm Boote auf Entdeckung aus, nachdem wir den zurückbleibenden Officieren die nöthigen Verhaltungsbefehle in Betreff der Fregatte ertheilt hatten, indem sie nämlich, falls der Wind sich ihnen günstig zeigte, Port Joseph verlassen, und nach Port Candelaria oder der Dienstags=Bai segeln sollten. Unser Mangel an Ankern und Tauen war ein hinlänglicher Grund, um die Fahrt in so gefahrvollen und unbekannten Gewässern, wie die, welche wir jetzt zu besuchen, im Begriff standen, nicht mit der Fregatte zu unternehmen.

Wir traten also am 13ten Februar in dem Boote unsere Reise an, und liefen, nachdem wir längs der, dem Port Joseph gegenüber liegenden Küste des Feuerlandes hinab gefahren waren, in die St. Simons=Bai ein. Unsere Richtung war größtentheils südlich, und so wie wir während dieser Fahrt in unsern Beobachtungen über die Lage und die Entfernungen der verschiedenen Puncte, welche uns zu Gesicht kamen, die möglichste Sorgfalt anwandten, so unterließen wir es auch nie, an Orten, wo unser Boot mit Sicherheit anlegen konnte, irgend eine Anhöhe zu besteigen, um eine genaue Kenntniß von den verschiedenen Inseln und Canälen, welche den unter dem allgemeinen Namen des Feuerlandes bekannten Archipel bilden, zu erlangen. Obgleich die außerordentliche Tiefe des Wassers, so wie die schlechte Beschaffenheit des Ankergrundes, welche sich selbst bis dicht an den hohen steilen Ufern erstrecken uns bald nur zu deutlich die Unmöglichkeit vor Augen legten, zwischen diesen Inseln eine Durchfahrt für Schiffe zu finden. welche sich nicht der Ruder bedienen, so setzten wir doch den ganzen Abend unsere Fahrt in diesem Labyrinth von Inseln, welche fast überall unzugänglich waren, und von denen eine genaue Uebersicht zu entwerfen eben so schwierig als unnütz gewesen seyn würde, fort. Als die Nacht hereinbrach, wandten wir uns westlich, um für unser Fahrzeug eine sichere Stelle, wo auch wir zugleich einiger Ruhe genießen konnten, aufzusuchen. Ein naher Wasserfall, ein Ueberfluß an den schmackhaftesten Schaalthieren, eine kleine Uferstrecke, wo wir unser Boot hinaufziehen und unsere Zelte aufschlagen konnten, und dieses Alles um und in einer geräumigen Bai, welche einen Reichthum an Holz darbot, und deren Einfahrt von einigen kleinen Inseln beschützt ward, bestimmten uns, hier für die Nacht unsern Aufenthalt zu nehmen. Wir landeten daher und legten uns, nachdem wir Alles gehörig angeordnet zu haben glaubten, zur Ruhe, wurden aber um 11½ Uhr Nachts durch die aufschwellende Fluth, welche wir bei dem Aufschlagen unserer Zelte nicht genug berücksichtigt hatten, sehr unangenehm darin gestört; indem wir uns genöthigt sahen, mit unsern Zelten an einen etwas höher gelegenen Ort, wo sich die Trümmer zweier Hütten befanden, zu ziehen.

Am andern Morgen giengen wir sogleich wieder zu Schiffe, und nahmen, da der Wind nördlich war, unsere Richtung nach Süden. Die Canäle, durch welche wir kamen, waren im Ganzen genommen, enge und dabei von ungeheurer Tiefe, mit Ausnahme eines einzigen, welcher nicht mehr als anderthalb Faden Wasser hielt, aber breit und offen war. Wir nannten diese Inselgruppe nach unserm Commandeur das Labyrinth von Cordova.

Von dieser Station aus zeigten sich uns wieder mehrere Canäle. Wir befuhren einen derselben, welcher die wenigsten Schwierigkeiten darzubieten schien, einige Stunden weit, bis wir zu einer andern Durchfahrt gelangten, welche sich in die Südsee endigt, und die, indem wir die Nachrichten, welche uns darüber zu Gebot standen, damit verglichen, diejenige zu seyn scheint, durch welche Marcant einst gesegelt ist, und die er nach seinem Schiffe den St. Barbaras-Canal genannt hat.

Nachdem wir uns über diese Communication nach Außen zu vergewissert hatten, war unsere nächste Sorge dahin gerichtet, auch die innere Verbindung mit der Straße aufzufinden; denn der Canal, den wir auf der Hinfahrt verfolgt hatten, war ohne Zweifel selbst für Schiffe von mittelmäßigem Tonnengehalte unbefahrbar. Wir nahmen daher den Rückweg längs der Insel St. Cajetano, und fanden, als wir an die südliche und westliche Spitze derselben gelangten, daß das, was uns von den Höhen des Port Joseph herab eine tiefe Bai geschienen hatte, in der That nichts als die eigentliche Einfahrt in den St. Barbaras-Canal war, daß sie aber mit so vielen großen und kleinen Inseln angefüllt ist, daß kein Schiff vernünftigerweise die Fahrt durch dieselben wagen darf, besonders wenn man auch noch die in derselben herrschenden reißenden und widrigen Strömungen in Anschlag bringt. Da wir es nun für unnütz hielten, unsere Untersuchungen in diesem Theile des Feuerlandes weiter fortzusetzen, kehrten wir nach Port Galan zurück, wo wir die Fregatte ganz, wie wir sie verlassen hatten, wieder fanden, indem die N. und N.O. Winde, welche uns auf unserer Nebenfahrt begleitet hatten, bis zu ihr nicht gedrungen waren.

Gewiß wird man uns nicht der Voreiligkeit beschuldigen können, wenn wir nach unserer obigen Untersuchung versichern, daß, so viele Communicationswege es auch von der Magellansstraße nach dem Südmeere giebt, doch die Schifffahrt zu irgend einem derselben auf keine Weise zu empfehlen ist, weil die Strömungen, die Enge der Canäle, und vor allem die Schwierigkeit, mit einiger Sicherheit in denselben zu ankern, sich dem Seefahrer als unübersteigliche Hindernisse in den Weg legen.

In Folge unserer Absicht, das, was von der Magellansstraße noch ununtersucht geblieben war, wegen der bisher in unserer Fregatte erlebten Unfälle und der ungünstigen Beschaffenheit des größten Theils der westwärts befindlichen Baien und Häven, in unseren Böten zu befahren, wurden zwei Barkassen ausgerüstet, und mit mehreren der erfahrensten Officiere und Seeleute von der Fregatte bemannt. Indem wir so nun um 1 Uhr N. M. Port Galan mit einem aus W. N. W. wehenden leisen Lüftchen verließen, benutzten wir die Strömung, welche längs der nördlichen Küste nach W. lief, indeß in der Mitte der Straße selbige die Richtung nach Osten nahm. Als wir aus der Bai umlenkten, sahen wir ein Canot und darin einen Haufen Indianer beschäftigt, von einem an einen Felsen befestigten todten Wallfisch Stücke Speck abzuhauen. Am Abend schlugen wir in der Nähe einiger zerstörten Hütten unsere Zelte auf, bei welchen wir gegen etwaigen Ueberfall regelmäßig Schildwachen ausstellten. Um 3 Uhr Morgens giengen wir mit einem lichten S O. Winde unter Segel, und liefen bald darauf in den Canal St. Geronimo ein; da wir Willens waren, denselben zu unserer Ueberzeugung, ob es sich mit der vorgegebenen Communication desselben mit dem weiter westlich befindlichen Buckleys-Canal wirklich so verhalte, genau zu untersuchen. Eine solche Untersuchung schien uns, da sie noch von keinem früheren Seefahrer unternommen worden war, nicht unwichtige Resultate für die Geographie von

Südamerica zu versprechen. Bei der günstigen Strömung machten wir mit Hülfe der Ruder bedeutende Fortschritte, würden aber von einem unaufhörlichen starken Regen sehr beläſtigt. Wir fanden, daß der Canal St. Geronimo sich nach N. W. und weiterhin nach N. hinzieht, und daß sich an der nördlichen Küſte, fünf Meilen von der Einfahrt, eine geräumige Bai befindet, welche sich zwei Meilen weit in's Land erſtreckt, und eben so breit an ihrer Mündung iſt; auf den Engliſchen Charten heißt sie von einigen an der Mündung liegenden kleinen Eilanden die Inseln-Bai (Bay of Isles). Sie iſt indeß von keiner Wichtigkeit, denn schwerlich werden Schiffe sich so weit in den Canal, der hier nur eine Meile breit iſt, vorwagen, um so weniger, da die Strömung sich darin nach S. W. mit einer reißenden Schnelle von vier Meilen in einer Stunde bewegt, und deren Berührung mit dem nach N. W. laufenden Gegenſtrom längs der nördlichen Küſte mehrere höchſt gefährliche Strudel veranlaßt. Uebrigens befinden sich längs der gedachten Küſte noch verschiedene andere kleine Buchten, welche Ströme von friſchem Waſſer enthalten, das von den mit ewigem Schnee bedeckten Bergen herabfließt. In einer dieser Buchten wurde zur Erholung für die durch das anhaltende Rudern von mehreren Stunden erschöpften Matrosen gelandet.

Das südliche Ufer der Bai besteht aus hohen Bergen, die sich perpendiculär über das Waſſer erheben, und eine fünf Meilen weit von der Einfahrt sich erſtreckende unzugängliche Felswand bilden. Das nördliche Ufer, längs welchem wir hinfuhren, iſt niedrig und mit Gras und Bäumen bewachsen; auch iſt das Waſſer in der Nähe beſſelben weniger tief, als am südlichen Ufer, wie wir selbſt mit einer 40 Faden langen Schnur noch keinen Grund fanden. Es war zur Ebbezeit, als wir in die Bucht einfuhren; bemungeachtet lief die Strömung in dem mittlern

Canal noch sehr stark nach S.O. Als wir den Canal weiter hinauffuhren, sahen wir, daß er sich bedeutend ausbreitet, und eine geräumige Bai bildet, welche in zwei andern Canälen ausfließt, von denen der eine seinen Lauf nordnordöstlich, der andere westlich nimmt. Die Unregelmäßigkeit der Strömungen ist hier eben so groß, als plötzlich. Gleich vorne in dieser Bai liegen drei Inseln, wovon die eine nur ein nackter Felsen ist, die beiden andern aber mit schönem Grün und Waldung bedeckt, und auf den Englischen Charten unter dem Namen „die beiden Brüder" bemerkt sind. Noch weiter sahen wir, daß der nach Westen führende Canal in einer andern, sechs Meilen tiefen und fünf Meilen breiten Bai ausläuft. In dem nach N.N.O. sich ziehenden Canal liegen wieder einige kleine Inseln. Das östliche Ufer dieses Canals ist niedrig und nahe am Wasser grün, weiterhin aber gebirgig. Das westliche Ufer dagegen besteht aus einer ununterbrochenen Reihe hoher perpendiculärer Klippen. So weit wir diesen Canal hinaufsehen konnten, schien er breiter zu seyn, als der äußere Canal, welcher sich in die Straße ergießt. Obgleich es höchst wünschenswerth für uns war, diesen Canal weiter in das Innere des Patagonen-Landes zu verfolgen, so mußten wir doch darauf Verzicht leisten, da, auch abgesehen davon, daß diese Fahrt in unsern damaligen Umständen etwas gewagt gewesen wäre, sie uns von unserm eigentlichen Zwecke zu weit abgeleitet haben würde. Wir wandten uns nun nach der Westbai, von welcher aus wir eine Durchfahrt nach dem Buckley's-Canal oder irgend einem andern Theile der Straße zu finden hofften. Da unsere Ruderer ermüdet waren, legten wir um 6½ Uhr N.M. an dem nördlichen Ufer der Bai an, waren aber, weil nirgends ein ebener Raum, auf welchem wir unsere Zelte aufschlagen konnten, zu sehen war, genöthigt, die Nacht nach Belieben entweder in den Fahrzeugen oder auf den Felsen zuzubringen.

Um 3 Uhr Morgens, als unsere Matrosen noch in tiefem Schlafe lagen, zwang die anschwellende Fluth die am Lande befindlichen Schläfer, welche von dem die ganze Nacht herabgeflossenen Regen bis auf die Haut durchnäßt waren, sich einzuschiffen. Da wir im Hintergrunde eine, zwar nicht sehr breite, Durchfahrt, welche die Richtung nach W. N. W. nahm, gewahrten, steuerten wir auf dieselbe zu, und fanden, daß sie zu einer sogenannten Lagune von zwei Meilen Länge und einer Meile Breite führte; das Wasser in derselben bewegte sich kaum merklich, und war bei weitem frischer, als das in der Außenbai. Die Tiefe des Wassers war bedeutend, außer gegen das innere Ende zu, wo sie allmählich im Verhältniß zu dem sanften Abhange des begränzenden Landes abnahm; an der anderen Seite umschlossen hohe steile Berge den See. Wir sahen auf diesem Wasser eine ungeheure Menge Pinguine von derselben Art, wie die in den andern Theilen der Straße. Es war übrigens nun ausgemacht, daß in dieser Gegend keine Communication zwischen dem Canal' St. Geronimo vorhanden ist, und daß der andere nach N N. O sich erstreckende Arm eine ganz abweichende Richtung nimmt; wenn daher Sarmiento das Daseyn einer solchen Communication behauptet, so muß er die Eingebornen, bei welchen er darüber Erkundigungen einzog, wohl nicht recht verstanden haben. Hinsichtlich dieses Puncts befriedigt, stellten wir an einer vorspringenden Stelle im Hintergrunde des Sees eine Flasche hin, welche schriftlich unsere hier gemachten Beobachtungen enthielt.

Am folgenden Morgen früh giengen wir mit einem frischen Winde aus W. N. W. und einer nach S. O. laufenden reißenden Strömung, bei übrigens stiller See, unter Segel Als wir jedoch das westliche Ende des Canals St. Geronimo erreicht hatten, begann der Wind bei einer Strömung von drei Meilen in der Stunde, so ſtark aus Weſten zu wehen, daß wir, da alle Zeichen eines herannahenden Sturmes vorhanden waren, eiligſt wieder nach der Bucht, wo wir am Tage vorher unſer Mittags» mahl eingenommen hatten, zurückkehrten. Nachdem wir uns hier für unſere Böte einen höhern Ankerplatz aus» geſucht hatten, ſchlugen wir unſer Zelt auf der einzigen Stelle, welche durch ihre erhabene Lage aus dem Bereiche der Fluth zu ſeyn ſchien, auf; wir zündeten hier ein Feuer an, um unſere Kleider zu trocknen, und uns, die wir von dem unaufhörlichen Regen und der, obgleich das Thermometer nach Fahrenheit eine Temperatur mit 5° anzeigte, heftigen Kälte viel zu leiden hatten, etwas zu erwärmen. Deſſenungeachtet ſchliefen wir ruhig bis kurz nach Mitternacht, da der wachthabende Officier uns auf» weckte, weil die Fluth ſo hoch angeſchwollen war, daß unſer Zelt zum Theil ſchon unter Waſſer ſtand. Eilenden Fußes retteten wir uns vor dem uns verfolgenden Ele» mente in unſere Fahrzeuge, und brachten darin die un» leidlichſte Nacht zu, welche Wind, Regen und Kälte ver» einigt nur zu ſchaffen vermögen.

Die Heftigkeit und die Verſchiedenheit der Strömun» gen in dem Canal St. Geronimo ſind eben ſo gefähr» lich, als überraſchend. In der Mitte und längs dem nörd» lichen Ufer nehmen ſie ihren Lauf faſt beſtändig nach S. O., dahingegen ſie ſich an dem ſüdlichen Ufer abwech» ſelnd nach der Ebbe und Fluth richten. Das Begegnen dieſer einander entgegenlaufenden Strömungen an der Mündung des Canals wird für Böte oder kleine Fahrzeuge oft ſehr gefährlich, weil dieſe, wenn nicht ein ſtärker Wind in ihrer Begleitung iſt, dann nicht im Stande ſind, in ih» rer Richtung zu bleiben. Der Stärke dieſer Strömungen müſſen größtentheils die verſchiedenen über die Strömungen in der Straße ertheilten, ſich einander widerſprechenden Nachrichten zugeſchrieben werden.

Da der Sturm noch immer fortwüthete, schlugen wir in einem nahe am Wasser befindlichen Gehölz, nachdem wir uns darin einen freien Platz ausgehauen und ausgebrannt hatten, unser Zelt auf. Die damals herrschenden Westwinde trieben die Fluth, welche sonst gewöhnlich nur sechs bis sieben Fuß steigt, bis zu einer Höhe von beinahe neun Fuß. Was die Zeit des Steigens und Fallens betrifft, so änderte es sich damit täglich um etwa 45 Minuten.

Mit Sonnenaufgang des folgenden Tages fuhren wir mit einem leisen Nordwinde und bei ablaufendem Wasser aus dem Canal St. Geronimo, und wandten uns dann wieder westlich in die Straße, indem wir die Inseln von Carl III. und Ullva südlich liegen ließen. Diese beiden Inseln bestehen aus unordentlich aufeinander gethürmten Felsen. die erstere erhebt sich hoch und steil aus dem Wasser, und ist mit einigen Krüppelbäumen, welche durch den fast unaufhörlich herabströmenden Regen und den geschmolzenen Schnee ihr kümmerliches Daseyn zwischen den Felsen fristen, bewachsen; ihre Ausdehnung von O. S. O. nach W. N. W. beträgt etwa vierzehn Meilen. Fast von derselben Größe und derselben Art ist auch die Insel Ullva, welche von der andern zwei Meilen entfernt ist, und sich nur durch einige sehr hohe Berge von derselben unterscheidet. Zwischen diesen Inseln und dem Feuerlande befindet sich eine Durchfahrt, der Wallfisch-Canal genannt, die wir aber eben so wie die Inseln, als außer unserm Zwecke liegend, ununtersucht ließen. Wir hielten uns auf unserer Fahrt längs der nördlichen Küste der Straße, waren indeß, da der Wind aus W. N. W. uns gerade entgegenblies, bald genöthigt, unsere Masten niederzulassen, und um dem Schiffsvolk einige Ruhe zu gönnen, in die Langara-Bai einzulaufen.

Kaum hatten wir diesen Ankerplatz wieder verlassen, als der Wind mit neuer Wuth losbrach, und zugleich der Regen, der uns schon seit den drei Stunden unserer Fahrt übel mitgespielt hatte, gleich wie aus einem Wolkenbruche auf uns herabströmte, so daß es unsern Ruderern nur mit unsäglicher Mühe gelang, uns bis zu einer, nur eine Meile westlich von der verlassenen, entfernten Bai hinzuarbeiten. Das schlechte Wetter gestattete uns auch am folgenden Tage nur eine dreistündige Fahrt, daher wir erst am andern Morgen um fünf Uhr bei dem Spalten-Cap (Cape Notches) anlangten. Dieses Vorgebirge springt ziemlich weit in die See vor, und führt seinen Namen mit Recht, indem die südliche Fronte aus einer hohen glatten Felsenwand besteht, vor welcher sich eine Anzahl durch Spalten oder Einschnitte von einander getrennten kegelförmigen Felsen befindet. Von diesem Puncte aus erblickten wir das Montags-Cap an der südlichen Küste der Straße. Einige Meilen weiter kamen wir bei einigen Einfahrten vorbei, welche man bisher für mit dem Canal St. Geronimo zusammenhängend gehalten hat; diese Meinung hat sich indeß zufolge unserer vorbemerkten Untersuchung als irrig gezeigt. Wir gewahrten diesen Morgen an der Südküste ein Feuer, das erste Anzeichen von Menschen seit unserer Abfahrt von der Fregatte; in der That schien aber auch diese ganze Gegend nur allzu zum Aufenthalt von Amphybien geschaffen zu seyn. Endlich erreichten wir die von Sarmiento sogenannte braune Strand-Bai (Bay of Brown Beach), ein trefflicher Ankerplatz, der vor allen S. W. und N. W. Winden vollkommen sicher liegt. Diese Bai ist eine Meile breit, und erstreckt sich etwa drei Meilen weit nordnordwestlich in's Land. Die umliegende Gegend ist bergig und holzreich, und läuft in sanften Abhängen einem sandigen Gestade zu, welches Letztere stets auf einen guten Ankergrund schließen läßt. Drei Kabeltaue weit von der westlichen Spitze dieser Bai und ihr gegenüber liegt eine merkwürdige Insel von triangelförmiger Gestalt, und etwa anderthalb Meilen im Umfange. Auf den Englischen Charten ist dieser Bai keine

Erwähnung geschehen; auch scheint sie noch von keinem früheren Reisenden besucht worden zu seyn. Die Straße ist hier nicht über zwei Seemeilen breit, beide Küsten sind von hohen steilen Bergen begränzt, die zwar denen, welche den Port St. Joseph umschließen, an Höhe nachstehen, aber doch selbst mitten im Sommer mit Schnee bedeckt sind. Ueberhaupt gewährt dieser Theil der Straße einen so traurigen Anblick, daß er mehr durch eine plötzliche und heftige Natur-Umwälzung, als durch die allmäliche Wirkung des innern Naturstoffs entstanden zu seyn scheint. Gegen Mittag giengen wir in einer, von der eben beschriebenen eine halbe Meile westlich belegenen Bucht vor Anker, wo wir nach der harten Arbeit dieses Morgens einige Zeit der Ruhe pflegten. Die Luft war rein, und der Wind wehte leise aus N.O; die Hitze war aber dabei nicht nur unleidlich, sondern sogar im hohen Grade beschwerlich, indem das Thermometer um Mittag $17\frac{1}{2}$ Reaumur im Schatten zeigte. Nachdem wir bis um $3\frac{1}{2}$ Uhr fortwährend längs der nördlichen Küste gerudert waren, benutzten wir den frisch aus Osten sich erhebenden Wind, um queer über die Straße auf das uns gerade gegenüber liegende Montags-Cap zuzusteuern. Um 7 Uhr legte sich der Wind, und da sich zugleich am westlichen Himmel gewitterschwangere Wolken zeigten, liefen wir in einen, drei Meilen von dem Cap befindlichen Canal ein. Dieser Canal theilte sich in zwei Arme, von welchen wir den nach S.S.O. laufenden wählten. Derselbe zog sich in der Breite von anderthalb Kabeltauen, zwischen hohen perpendiculären Bergen hin; aus der Stille seines Wassers schloßen wir, daß er nicht in den südlichen Ocean auslaufe. Da wir uns hier vergebens nach einer zum Aufschlagen unsers Zeltes passenden Stelle umsahen, machten wir uns sogleich wieder auf die Fahrt nach dem andern Canalarm, welcher uns zu einem durch eine Gruppe kleiner Inseln gebildeten Haven führte, in welchem das Wasser ganz ohne alle Bewegung war. Die Ufer waren hier zwar weniger hoch, als in dem andern Canal, boten aber ebenfalls keinen ebenen Fleck zu dem beabsichtigten Zwecke dar, weshalb wir uns wieder bequemen mußten, die Nacht in unsern Fahrzeugen zuzubringen. Der Wind drehte sich nach Westen um, und ein heftiger Regen, vor welchem unsere Schiffsdecke uns nur geringen Schutz gewährte, goß die ganze Nacht hindurch auf uns herab. Uebrigens wird es für künftige Beschiffer dieser Gewässer hinlängliche Warnung seyn, wenn wir ihnen anzeigen, daß das Bett dieses Canals felsicht und sehr gleich ist.

Nachdem wir um sieben Uhr Morgens unsere Fahrt wieder begonnen hatten, sahen wir bald ein, daß unsere offenen Fahrzeuge dem heftigen W.N.W. Winde und der hohen See auf die Dauer nicht gewachsen waren; wir nahmen daher schnell unsere Zuflucht in eine kleine Bai, von welcher das Montags=Vorgebirge die westliche Spitze bildet. Wir hatten hier Gelegenheit, um 9 Uhr V.M. fünf Sonnenhöhen zu nehmen, aus welchen sich zufolge des Arnold'schen Chronometers ergab, daß das ebengedachte Vorgebirge in 5° 30' 25" W. L. von dem Meridian des Jungfrauen=Caps (Cap de las Virgines), so wie aus andern um Mittag angestellten Beobachtungen, daß es in 53° 9' 46" S B. liegt. Am Abend gelangten wir mit Hülfe der Ruder anderthalb Meilen weit über das Montags=Vorgebirge hinaus zu einem sehr schönen Haven, welcher wegen seiner gleichförmigen zirkelrunden Beschaffenheit und der Regelmäßigkeit des ihn umgebenden Bergamphitheaters mehr ein Werk der Kunst als der Natur zu seyn scheint. Die Mündung der Bai wird durch eine Insel in zwei Einfahrten getheilt, von denen die östliche nur für kleine Fahrzeuge breit genug ist, die westliche aber 27 Englische Faden Breite hat. Um die Insel herum ist die Tiefe des Wassers zwischen fünf und sechs Faden auf Sandgrund; innerhalb des Havens beträgt sie acht bis neun Faden, ausgenommen längs dem Ufer, wo sie nur vier Faden auf Felsengrund ist. Dieser Haven, in welchem nichts weiter Gefahr droht, als was sich über dem Wasser befindet, oder diejenigen Stellen, welche durch das auf der Oberfläche sichtbare Meergras genugsam angedeutet werden, liegt südwestlich von der Westspitze der ziemlich großen Insel, welche sich an der Nordküste in dem sogenannten Buckley's-Canal befindet, und ist noch von keinem früheren Reisenden in Erwähnung gebracht worden; nur Sarmiento führt an, daß er in dieser Gegend in einer Stelle, welche er den engen Haven nennt, vor Anker gegangen sey. Wir untersuchten den Haven genau, und entwarfen zugleich eine Zeichnung von demselben. Da Wind und See in zu heftiger Bewegung waren, um uns die heutige Fortsetzung unserer Fahrt zu gestatten, so blieben wir die Nacht über in einer kleinen Bucht an der Westseite des Havens. Mit Verwunderung bemerkten wir hier, daß während der Ebbe und Fluth die Strömung außen ununterbrochen ihre Richtung nach S.O. nahm.

Erst um 2 Uhr N. M. legte sich der Wind, so daß wir nun unsere Fahrt fortsetzen konnten. Nachdem wir etwa zwei Meilen weit gerudert waren, landeten wir an einer kleinen Insel, um die Lage und die Intersectionen verschiedener Puncte aufzunehmen. Des Windes wegen konnten wir nicht weiter, als bis zu einer östlich vom Cap St. Ildefonso, von den Engländern Cape Upright (Aufrichtige Vorgebirge) genannt, belegenen geräumigen Bai gelangen. An der Ostseite der Mündung dieser Bai liegt eine triangelförmige Insel, eine und eine halbe Meile lang, zwischen welcher und dem Continent des Feuerlandes ein anderthalb Meilen breiter und drei Meilen langer Canal bis zum Hintergrunde der Bai durchläuft. Die Bai selbst ist zwei Seemeilen breit; vom Hintergrunde derselben an der östlichen Seite zieht sich ein Canal in der Richtung von Osten nach Süden zwischen Bergen hin. Unsere

Hoffnung, zwischen der Insel und dem östlichen Ufer guten Ankergrund zu finden, ward vereitelt, da wir nirgends mit 30 Faden Grund sondirten. Die westliche Spitze dieser Bai ist niedrig; gleich um dieselbe herum öffnet sich eine andere Bai, die weniger breit, aber eben so tief, als die vorige ist, welche letztere, da sie westlich vom Cape Upright begränzt wird, vom Capitän **Wallis** den Namen „**die aufrichtige Bai**" erhalten hat. Dieser Seefahrer landete an der Westseite der letzt erwähnten Insel, welche Stelle indeß durchaus nicht empfehlungswerth ist, weil das Schiff wegen der großen Tiefe des Wassers sich nahe an der Insel halten muß, dann aber den N W. Winden, die in diesen Gewässern vorherrschend sind, völlig ausgesetzt ist; auch kann nicht etwa ein Kabeltau an die auf der Insel stehenden Bäume befestigt werden, da selbige zu diesem Zwecke viel zu klein und schwach sind. Bei dem fortwährend frischen N. W. Winde legten wir, als die Nacht anbrach, welche wir aus den ofterwähnten Ursachen wieder in unsern Fahrzeugen zubringen mußten, an der östlichen Seite des Cape Upright an.

Oestlich von der vorbemerkten triangelförmigen Insel sieht man an dem nördlichen Festlande die Mündung des **Buckley's Canals**, deren Breite, in schiefer Richtung von N. nach S. gemessen, nahe an vier Meilen beträgt. In demselben befinden sich zwei Inseln, von welcher die größte hoch, steil und bergicht, aller Vegetation ledig und drittehalb Meilen lang ist. Der Canal nimmt die Richtung nach N. O. Die Küste zieht sich von der westlichen Spitze dieses Canals an allmählich von dem südlichen Festlande zurück, bis sie sich derselben durch das Cape Providence wieder nähert. Die Breite der Straße östlich vom Buckley's Canal beträgt fünf Meilen, vom Montags-Vorgebirge bis zu der in ebengedachtem Canal aber nicht weniger als $2\frac{1}{2}$ Seemeilen. Das Land an beiden Seiten der

Straße ist hier nicht so hoch, als in den mittlern Theilen derselben. Das Auge sieht nichts als nackte Felsen, welche einen höchst melancholischen Anblick gewähren, auch zeichnet sich unter den übrigens mit ewigem Schnee bedeckten Bergen keiner durch größere Höhe vor den andern aus.

Um 7 Uhr V. M. wurde, da das Wetter uns günstiger geworden war, wieder zu den Rudern gegriffen, und wir erreichten nun bald das, 4½ Seemeilen von dem Montags-Vorgebirge liegende Cape Upright, welches ziemlich weit in die Straße vorspringt, und aus einer hohen Felsenkette besteht, welche oben einer Reihe Meereswellen nicht unähnlich sieht. Von der Nordseite, welche sich östlich und westlich zwei Drittelmeilen weit in hohen perpendiculären Massen hinzieht, eine Meile südöstlich, ist ein ziemlich hoher Felsen über dem Wasser sichtbar, der von, durch das oben befindliche Meergras angedeuteten, Sandbänken und Felsenriffen umgeben ist. An der nördlichen Küste der Straße, acht Meilen nördlich vom Cap Upright, liegt das Cape Providence, eine merkwürdige Landspitze, welche aus zwei Anhöhen besteht, und an jeder Seite eine weite offene Bai hat. Westlich vom Cape Upright bildet die Küste eine tiefe Bai, an deren östlichen Seite sich eine Menge Inseln und Felsriffe befinden; am Ufer standen hier einige von den Einwohnern verlassene Hütten. Im Hintergrunde der Bai ist eine Einfahrt, welche sich nach S S. O. zieht. Es ist dieses die Inselbai des Capitän Wallis. Nahe an dieser Bai kommt man in eine andere, welche westlich von der niedrigen flachen Landspitze von Echenique, die W. N. W. zehn Meilen vom Cape Upright liegt, begränzt wird. Der Wind und die Strömung stellten sich jetzt stark aus N. W. ein, und da auch die Mannschaft sehr ermüdet war, so legten wir in einer kleinen Bucht an der östlichen Seite einer in der Mitte der Bai vorspringenden Landspitze an, wo wir die Nacht wieder an Bord zubrachten. Als wir nach diesem Puncte hinsteuerten, bemerkten wir einige Indianer, welche uns zuriefen. Auch hatten wir kaum unsere Fahrzeuge an das Ufer befestigt, als schon ein Canot mit acht Indianern auf uns zukam. Bei'm Herannahen äußerten sie anfangs einige Furcht und gaben durch Zeichen ihren Wunsch zu erkennen, daß einer von unseren Officieren landen möchte, welches geschah, worauf einer der Indianer ebenfalls an's Land stieg. Dieser, ein junger, gutgewachsener aber untersetzter Mann, schien, nach seiner hohen, spitzigen weißen Mütze, welche aus Entenhäuten und Federn verfertigt war, und wodurch er sich vor seinen Begleitern auszeichnete, zu schließen eine Art Oberhaupt zu seyn. Als er sich unserm Officiere näherte, hielt er mit einer Stimme, in welcher Furcht und Muth wunderbar gemischt waren, eine lange Rede an denselben, von welcher wir indeß nicht im Stande waren, auch nur ein einziges Wort zu verstehen. Nachdem wir ihn mit einigen Kleinigkeiten beschenkt hatten, welches er sehr wohl als Beweis unserer freundschaftlichen Gesinnungen erkannte, rief er seine Cameraden, welche darauf sämmtlich landeten, und, nachdem auch sie einige Geschenke erhalten hatten, bis zum Einbruch der Nacht bei uns blieben. So viel merkten wir aus ihrem Sprechen, daß sie mit den Bewohnern der östlichen Gegenden der Straße eine und dieselbe Sprache redeten; auch waren sie, obgleich besser proportionirt, denselben in Physiognomie und Größe, so wie in ihrer Kleidung völlig gleich. Ueber unsere Geschenke von Corallen, Bändern und Spiegeln, bezeigten sie eine so ausschweifende Freude, wie unsere kleinen Europäer, wenn sie ein neues Stück Spielzeug erhalten.

Der Wind nahm fortwährend an Stärke zu, und der Regen goß mit solcher Gewalt herab, daß unsere Mundvorräthe, so wie wir selbst, trotz unserer Schiffsdecken und aller sonstigen Schutzmittel durch und durch naß wurden. Am Lande war nirgends eine Stelle, wo wir uns vor dem Sturme hätten bergen können. Am andern Morgen kehrten die Indianer zu uns zurück, mit einigen wilden Enten, welche sie zum Geschenk für uns bestimmt hatten, und welche sämmtlich im Kopfe geschossen waren, ein Beweis von der Geschicklichkeit, womit die Eingebornen sich ihrer Bogen und Pfeilen zu bedienen wissen. Sie schenkten uns außerdem noch drei Pfeile und einige Reihen Muschelschaalen zu Hals= und Armbändern, und zwar ohne dabei die mindeste Spur von Eigennutz an den Tag zu legen, daß sie nämlich dafür auf Gegengeschenke Anspruch gemacht hätten. In dem Bau ihrer Canots übertrafen diese Indianer bei weitem die Eingebornen der östlichen Gegenden der Straße; sie bauen sie nämlich nicht, wie diese aus zerbrechlicher und schlecht zusammengefügter Borke, sondern aus Brettern, die mittelst eines einhalbzölligen Taues mit einander verbunden sind, und deren Fugen durch eine Mischung von Blättern und einer sehr klebrigen Lehmart völlig wasserdicht gemacht werden. Jede Seite des Canots besteht aus zwei Brettern, die so zugehauen sind, daß sie am Vorder= und Hintertheil gehörig ablaufen. Der Boden bildet ein starkes Bret, welches in der Mitte breit und an den Enden ebenfalls schmaler zugehauen, auch mit den Seitenbretern auf ebendieselbe Weise verbunden ist; zwischen den Seitenwänden sind Querhölzer zum Sitzen für die Ruderer angebracht. Zwar sind diese Canots nicht zum Schnellfahren geeignet, dafür aber fest und dauerhaft, und bei'm Einlaufen von Wasser nicht der Gefahr des Sinkens unterworfen. Diese Indianer rudern übrigens auf dieselbe Weise, wie wir Europäer, auch zeigt die zweckmäßige Form ihrer Ruder, daß sie die Vorzüge der langen Ruder vor den kurzen Ruderschaufeln ihrer östlichen Nachbaren sehr wohl eingesehen haben; zum Steuern bedienen sie sich indeß gleichfalls einer Ruderschaufel, besonders bei stürmi=

scher See. Alle diese Vorzüge an ihren Canots können zu
einem neuen Beweise des Erfahrungssatzes dienen, daß
die Noth die Menschen überall erfinderisch und geschickt
macht; denn in den hohen stürmischen Gewässern des westlichen Theils der Magellansstraße würden die schwachen
Barken der Eingebornen in den östlichen Theilen durchaus
von keinem Nutzen seyn.

Nachdem wir mit einem der Fahrzeuge eine Zeitlang
in der Nähe zur Untersuchung herumgekreuzt waren, entdeckten wir im Hintergrunde der Bai den Eingang zu einem beinahe zwei Kabeltaue breiten Haven. Wir sondirten
denselben, fanden aber großentheils Felsgrund mit etwas
Schlamm, und die Tiefe des Wassers abwechselnd von
4½ bis 17 Faden. Der Haven ist ringsum von hohen
steilen Bergen, die sich unmittelbar von der Wasserkante, in
deren Nähe wir einige Krüppelbäume sahen, erheben, eingeschlossen; seine größte Ausdehnung beträgt etwa eine
halbe Meile. Obgleich der Haven durch den auf den
Bergen geschmolzenen Schnee Ueberfluß an frischem Wasser
hat, man sich darin auch zur Nothdurft mit Feuerung versehen kann, so wollen wir doch wegen des schlechten Ankergrundes es keinem Seefahrer rathen, in denselben einzulaufen. Indeß entwarfen wir doch einen Plan von dem
Haven, den der Commandeur nach einem unserer Officiere
Port Uriarte nannte. Am Abend ließ der Wind nach,
und wir landeten an einer niedrigen Stelle im Osten der
Landspitze Echenique, um die Lage verschiedener Puncte, besonders des vier Seemeilen entfernten Cap Tamar an der
Nordküste zu bestimmen. Dieses Letztere ist ein breites,
aus hohen Felsen bestehendes Vorgebirge, welches sich
noch weiter als das Cape Providence in die Straße erstreckt, und mit zwei hohen Piks versehen ist. Die Breite
der Straße, dem Cape Providence gegenüber, beträgt 3½
Seemeilen. Die Nordküste enthält mehrere geräumige Baien,

dagegen die Südküste aus einer ununterbrochenen Folge kleiner Einfahrten besteht, die durch vorspringende Felsklippen von einander getrennt sind.

Nachdem wir drei lange Tage an der bereits beschriebenen erbärmlichen Ankerstelle zurückgehalten worden waren, wagten wir uns wieder in die Straße hinaus. Das Wetter war leidlich, obgleich der Wind stark aus N. W. blies. Wir kamen an mehreren tiefen Einfahrten vorbei, und liefen endlich, des widrigen Windes und der sehr hohen See wegen, in eine kleine Bai ein, welche wir für die von Sarmiento benannnte St. Monica-Bai hielten. Indeß paßte keiner der in seiner Beschreibung vorkommenden Umstände auf diese, von hohem Lande umgebene Bai, welche in 45 Faden nirgends Ankergrund finden ließ; dieses machte uns glauben, daß er sich in seinem Reiseberichte, in Betreff der Entfernung zwischen der St. Monica-Bai und dem Cape Upright einen Irrthum hat zu Schulden kommen lassen. Wir wurden in dieser höchst unsichern Lage von einem wüthenden Sturme und heftigen Regen überfallen, und erlebten unter dem Toben der Winde zwischen den Bergen und dem lauten Anschlagen der Wellen gegen die steilen Felsklippen die traurigste Nacht auf unserer ganzen Fahrt. Während der beiden folgenden Tage hörten wir ein dumpfes Getöse von kurzer Dauer, welches wir anfangs für Donner hielten, nachher aber der Wirkung einer Explosion aus den nahen Bergen zuschrieben, in welchen sich, unserem Dafürhalten nach, Vulcane befinden, obgleich wir zu dieser Meinung keinen andern Grund haben, als daß wir auf dem Gipfel eines der Berge, welchen wir bestiegen, Haufen von Schlacken oder Erzkohlen fanden, ähnlich denen, welche in einer Schmiede hervorgebracht werden. Am letzten Tage unseres Aufenthalts an diesem elenden Ankerplatze erschien der Neumond, und es war fünf Minuten nach 12 Uhr Mittags hohes Wasser. Da das Wetter Nachmittags gemäßigter ward, setzten wir endlich unsere Fahrt weiter fort, und gelangten bald in eine andere Bai, die zwar nur klein, aber doch ziemlich bequem war, indem wir darin guten Ankergrund und Schutz vor dem S. W. und N. W. fanden. Sie hat den einzigen Fehler, daß das unterliegende Land niedrig ist; demungeachtet aber können, da die Ufer stark mit Bäumen besetzt sind, und man die Schiffe im Nothfalle daran befestigen kann, Seefahrer hier sicher vor Anker gehen. Diese Bai erstreckt sich westlich eine halbe Meile weit in's Land, und verdient auch wegen des um dieselbe befindlichen Ueberflusses an Holz, Gras und frischem Wasser, welches von den weiter im Innern liegenden mit ewigen Schnee bedeckten Bergen in sie herabströmt, ganz besondere Beachtung. Höchstwahrscheinlich ist sie die eigentliche S. Monica Bai, von welcher vorher die Rede war. Sie liegt vierzehn Meilen W. N. W. vom Cape Uprihgt und S. S. W. vom Cap Tamar. Wir blieben die Nacht über in diesem Hafen, wo wir auch, wie fast überall in der Straße, einen Ueberfluß an Schalthieren fanden. Als der Tag anbrach, giengen wir mit einem leichten N.O. Winde unter Segel und hatten, so wie wir uns in der Straße befanden, endlich das langersehnte Vergnügen, das Cape Pillar, den westlichen Grenzpunct der Straße und unserer gefahrvollen Fahrt, zu erblicken. Auch bekamen wir das Cap Tamar und die S. Annen-Insel, welche an der Ostseite der letztgedachten Bai liegt, so wie eine Menge anderer an der Nordküste gegen die Mündung der Straße zu liegender Inseln zu Gesicht.

Das Schwanken unserer Böte war uns in unseren Beobachtungen sehr hinderlich; indeß gelang es uns doch, die Lage des Cape Pillar in 62° 20' N.W. vom Cape Upright zu bestimmen. Wir sicuerten alsdann auf eine Landspitze zu, um mit mehrerer Genauigkeit einige Lagen-

Bestimmungen zu machen, wurden aber durch Regen und trübes Wetter daran verhindert. Nachdem wir die Landspitze wieder verlassen hatten, kamen wir in eine Bai, welche zwei Häfen von gutem Ansehen hat, konnten aber in keinem von beiden mit 45 Faden Ankergrund finden, außer nahe an der Küste, wo aber das Bett voll großer Steine und von sehr ungleicher Tiefe ist. Etwas weiterhin gelangten wir zu zwei andern Häfen, von welchen der eine nördlich, der andere südöstlich läuft; ersterer ist über drei Kabeltaue lang und beinahe zwei breit und hat einen herrlichen Wasserfall, der sowohl wegen der Menge als wegen des Rauschens des herabstürzenden Wassers merkwürdig ist. Dieser Hafen, der den Namen Port Churruca erhielt, liegt südwestlich vom Cap Tamar. Die Einfahrt ist breit und selbst dicht an den Ufern vollkommen sicher.

Nachdem wir an der westlichen Landspitze gelandet waren, um weitere Beobachtungen anzustellen, giengen wir wieder in See. Indeß erhob sich bald ein starker Wind aus N.W. und die See ward, je weiter wir uns der Einfahrt der Straße näherten, mehr und mehr gefahrdrohend. Ueberdieß war die ganze südliche Küste bis an die Mündung mit Felsen und Inseln besetzt, von denen sich einige eine Meile weit in die Straße erstreckten. Aber trotz allen Gefahren, welche diese Küste darbot, zwangen uns doch der Wind und die von der Nordküste zurückprallenden Wellen, auf einer kleinen Uferstrecke in einem, vor allen Winden gesicherten Winkel Schutz für die Nacht zu suchen. Der Himmel war heiter, zu unserem nicht geringen Troste, da wir schon seit mehreren Tagen den Anblick der Sonne hatten entbehren müssen, und unsere Kleider und Mundvorräthe von dem fast ohne Aufhören herabgeströmten Regen, durch und durch naß waren.

Da am folgenden Morgen der Wind sich gelegt hatte, die See weniger hoch gieng, auch die Strömung uns günßig war, begaben wir uns wieder auf die Fahrt und paſſirten, indem wir weſtlich ſteuerten, eine lange Reihe felſigter Inſeln, bis wir bei einem Vorgebirge anlangten, welches, ohne weit aus der Küſtenlinie vorzuſpringen, ſich ſowohl durch ſeine Form als durch ſeine Lage auszeichnet. Die äußerſte Begrenzung deſſelben iſt frei und hoch; es hat nämlich das Anſehen eines ſanft nach Norden ablaufenden Hügels und ſcheint durch eine heftige Erderſchütterung vom Lande getrennt zu ſeyn; und um daſſelbe liegen ungeheuere Maſſen von derſelben Beſchaffenheit, und wahrſcheinlich auch aus derſelben Urſache abgeſondert von der Küſte. Ein auffallender Zug von dieſem Vorgebirge iſt ein an der Nordſeite befindlicher ſchwarzer Fleck, der ſich uns näher als eine weite und tiefe Höhle zeigte, in welcher ſich die Wellen mit fürchterlichem Toben brachen. Weſtlich von dieſer Höhle befinden ſich eben über der Oberfläche des Waſſers noch andere, aber von geringerem Umfange. Wir gaben dieſem Vorgebirge daher auch den Namen Cape Caves (Höhlen-Vorgebirge). Es liegt ſüdweſtlich von der, an der Nordküſte der Straße belegenen Inſel, welche, ihres äußeren Anſehens wegen, den Namen Westminster-Hall führt und 30½ Meilen weſtlich vom Cape Upright liegt. Etwa eine Seemeile vom Cape Caves liegt noch ein anderes, bei weitem mehr vorſpringendes Vorgebirge; von dieſem, wie von den dazwiſchen liegenden Baien, wird weiterhin ausführlicher die Rede ſeyn.

Es trafen zu der Zeit gerade mehrere für uns günſtige Umſtände zuſammen, um uns dem Ziele unſerer Fahrt entgegen zu führen. Die Luft war vollkommen ruhig, der Himmel heiter und das Waſſer ſpiegelglatt, kurz es war ſo, wie man es hier ſonſt im Laufe mehrerer Monate nicht zu finden pflegt. Wir benutzten daher dieſe Zeit beſtens, um die zur Zeichnung unſerer Charte von der Straße erforderlichen Arbeiten zu vollenden, und wo möglich beim Cape

Pillar eine Meridian-Sonnenhöhe zu nehmen. Das bereits erwähnte, eine Seemeile N.W. vom Cape Caves liegende Vorgebirge ist merkwürdig, wegen seiner Höhe und weit vorspringenden Lage, wie auch wegen seiner nördlichen Seite, welche gleichsam mit einem Instrumente perpendiculär abgehauen zu seyn scheint; wir nannten es aus dieser Ursache Cape Cut-down (Abgehauenes Vorgebirge). Ungefähr anderthalb Seemeilen westlich von diesem Vorgebirge liegt die Barmherzigkeits Bai (Bay of Mercy or Misericordia), welche vom Sarmiento so genannt wurde, weil sie der erste Hafen war, in welchem er, nachdem er aus dem Südmeere in die Straße eingelaufen war, Anker warf. Weiterhin wird von dieser Bai noch näher gesprochen werden.

Westlich vom Cap Tamar erweitert sich die Straße durch das Abfallen der Nordküste auf einmal bedeutend. Dieses Cap bildet die östliche Seite der weiten Mündung eines Canals, welcher sich nordöstlich in den Continent erstreckt. An der Westseite dieser Mündung ist die Breite der Straße schon über fünf Seemeilen; sie nimmt nun allmählig immer mehr zu, so daß sie dem Cape Pillar gegenüber über sechs Seemeilen beträgt. Längs der ganzen Nordküste giebt es eine fortlaufende Reihe von Oeffnungen oder Canälen; indeß glaubten wir, innerhalb dieser Buchten Land zu erblicken, so daß also, im Fall uns unsere Augen nicht getäuscht haben, die Landstrecken, welche die Oeffnungen zu trennen schienen, wohl nichts als Inseln gewesen sind, welche sich längs der niedrigen und derzeit mit Nebel umhüllten Küste hinreichen. Im Westen der Insel Westminster-Hall sahen wir ausgedehnte Gruppen von Inseln, von welchen wir die Lage der am südlichsten liegenden durch angestellte Beobachtungen genau bestimmten. Sie erhielten von unserem Cammandeur den Namen Cavallos Inseln.

Die Küste des Festlandes, im Westen vom Cap Tamar, scheint aus nackten, aller Vegetation ledigen Felsen zu bestehen. So wie übrigens beide Küsten der Straße hier bei weitem niedriger sind, als die in den mittleren Theilen derselben, so steht die nördliche Küste hier der südlichen an Höhe weit nach. Da wir während unsers Aufenthalts beim Cape Caves das Glück eines sehr heitern Himmels genossen, so gelang es uns mittelst fünf um 8½ Uhr genommenen Sonnenhöhen und des Arnold'schen Chronometers, die Lage dieses Vorgebirges 6° 45' 32" W. vom Cape de las Virgines und 1° 15' 7" W. vom Montags Cap zu bestimmen; die Breitenlage desselben ergab sich nach einer um Mittag angestellten Beobachtung zu 52° 47' 21" S.

Unmöglich können wir die besonderen Ereignisse dieses Tages, des zweiten während unserer ganzen Fahrt, an welchem wir uns auf einige Stunden hinter einander des Anblicks der Sonne erfreuten, mit Stillschweigen übergehen. Manchem mag dieses eben nicht von gar großer Wichtigkeit bedünken, obgleich es auf unser Gemüth einen unbeschreiblichen Eindruck machte. Achtzehn Tage lang war der Regen ohne Unterbrechung und in der Regel mit großer Heftigkeit auf uns herabflossen; wir hatten diese Zeit über fortwährend durchnäßt zum Theil in unsern Böten, zum Theil auch auf dem Strande oder auf den Uferfelsen, unter freien Himmel geschlafen; unsere Fahrt war durch widrige Winde sehr in die Länge gezogen und zugleich waren wir durch das schlechte Wetter verhindert worden, die erforderlichen Beobachtungen anzustellen; zu allem diesen kam nun noch, daß wir unsere Magen wegen des durch den Regen an unserm Mundvorrathe verursachten Schadens zu kleineren Rationen hatten einrichten müssen. Es war also wohl nicht zu verwundern, daß alle diese Widerwärtigkeiten, von welchen eine allein schon hinreichte, einen verzagt zu machen, endlich selbst die abgehärteste Constitution untergruben, die entscheidenste Standhaftigkeit über den Haufen warfen. Jener heitere, ruhige Tag aber, welcher uns an das Ziel unserer Fahrt brachte, und uns in den Stand setzte, unsere Kleider und unsere Mundvorräthe zu trocknen, gab unserem abgespannten Geiste neue Schwungkraft, besonders wenn wir daran dachten, nun eine Reihe von Hindernissen und Beschwerden überwunden zu haben, die, wenn wir sie vorausgesehen hätten, uns gewiß von einer solchen Unternehmung abgeschreckt haben würden.

Um 3 Uhr N. M. langten wir, nachdem wir zwanzig Meilen, mit Hülfe der Ruder, in eilf Stunden zurückgelegt hatten, bei dem Cape Pillar, dem westlichen Endpuncte der Magellansstraße an der Küste des Feuerlandes an und feierten dieses glückliche Ereigniß durch Aufziehen der Spanischen Flagge, welche wir sodann mit einem siebenmaligen: „Lang lebe der König" begrüßten. Der Eifer und die Anstrengungen, welche die Mannschaft anwandte, um dieses Vorgebirge zu erreichen, woran unaufhörliche Stürme uns beinahe schon verzweifeln gemacht hatten, sind nicht zu beschreiben; nicht geringer war nun aber auch ihre Freude über die Erfüllung ihres gefahrvollen Unternehmens; sie war so überschwenglich groß, daß sie erst nach geraumer Zeit bewogen werden konnten, die ihnen so nöthige Ruhe zu genießen.

Vom Cape Cut-down bis zum Cape Pillar ist die südliche Küste durchaus gefahrlos, da keine Inseln, Felsen oder Sandbänke sich nur eine halbe Meile weit vom Lande aus in die Straße erstrecken. Dahingegen scheint die nördliche Küste, welche Narborough mit vollem Rechte die Verwüstung des Südens (the desolation of the south) nannte, aus bloßen Fragmenten einer durch heftige Erdbeben zerstückelten Welt zu bestehen, denn vor und ziemlich weit von derselben liegen eine Menge von Inseln und Felsen, daher es den Schiffen durchaus nicht anzurathen ist, sich dieser Seite der Straße zu nähern. Zugleich müssen wir aber auch davor warnen, sich gar zu nahe an der südlichen Küste zu halten, wenn nicht etwa ein sehr günstiger Wind weht, weil die aus dem stillen Meere nordwestlich herströmende hohe See in anderem Falle leicht Gefahr bringen kann.

Das Cape Pillar (Pfeiler-Cap), schön seiner Lage an der Südseit: der westlichen Einfahrt in die Magellansstraße und seiner Erhabenheit über dem Wasser wegen merkwürdig, ist es noch mehr wegen zweier Piks, welche sich auf seinem Gipfel erheben, und sich beide etwas nordwestlich neigen. Der östliche Pik, welcher der höchste ist, hängt mit einem Hügel, von welchem das Vorgebirge selbst vorspringt, zusammen; der westliche erhebt sich gleich einem hohen Thurme von einer Basis am Rande des Wassers; der Aehnlichkeit, welche diese Felsenmasse, von Westen aus gesehen, mit einem grobbehauenen Pfeiler hat, hat dieses Vorgebirge wahrscheinlich seinen jetzigen Namen zu verdanken. Die Vereinigung der Straße mit dem Südmeere, im Westen von America, scheint durch Felsen einer und derselben Art begrenzt zu seyn, da die Beschaffenheit und die Vertheilung der Schichten, soweit wir selbige vergleichen konnten, einander völlig gleich sind. Ihre Trennung scheint daher augenscheinlich die Frucht einer vor Alters geschehenen heftigen Erdrevolution gewesen zu seyn, obgleich es eben so sehr in die Augen fällt, daß die See an beiden Seiten der Straße große Spalten gemacht hat, und noch macht. Die Küsten bestehen nämlich aus hohen steilen Klippen, vor welchen in verschiedenen Entfernungen vom Lande eine Menge von Felsen-Fragmenten und Felsen-Inseln liegen, deren Beschaffenheit mit der der jetzigen Küsten genau übereinstimmt. Der Theil des Pfeiler-Caps, welcher durch die Gewässer der Straße abgewaschen ist, gleicht dem gerundeten Gipfel eines niedrigen Hügels; der andere dem Ocean ausgesetzte Theil aber ist an mehreren Stellen durch die Gewalt der Wellen ausgehöhlt. Bei dem Vorgebirge krümmt sich das Feuerland, so weit wir die Küste mit den Augen verfolgen konnten, südsüdwestlich. Eine halbe Meile von dem Cap in der ebengedachten Richtung und nahe am Lande liegen zwei kleine Inseln, welche wir „die Spanischen Langböte" (the spanisch longboats) nannten; die Gruppe Felseninseln, welche, nach ihrer Zahl, den Namen „die zwölf Apostel" führen, konnten wir indeß nicht zu Gesicht bekommen, daher sie wohl weiter, als wie man gewöhnlich vorgegeben hat, in die See hinausliegen mögen. Mittelst angestellter Beobachtungen berechneten wir die Höhe des westlichen Piks über der Oberfläche des Wassers auf 295 Yards *), und die des östlichen auf 463 Yards.

Das Wetter hielt sich, solange wir uns bei dem Vorgebirge aufhielten, vollkommen ruhig und doch war das Wogen der Meereswellen aus N. W. und die von den perpendiculären Klippen zurückprallende Brandung so gewaltig, daß wir auf keine Weise an irgend einem Theile der Landspitze oder auch nur in der Nähe derselben zu landen vermochten. Am Abend fiel ein starker Nebel, so daß wir bloß das Cap Victoria, das westlichste Ende der Straße an der Nordküste, welches 7° 20' N. W. vom Cape Pillar entfernt liegt, sehen konnten. Das Cap Victoria schien uns, indem wir es mit zwei östlich belegenen runden Hügeln, von welchen es auszulaufen das Ansehen hatte, verglichen, eine breite ebene Landspitze von nicht beträchtlicher Höhe zu seyn, obgleich, da wir es in der Ent-

---

*) Eine Englische Yard oder Elle beträgt ungefähr drei Fuß.

fernung von 7½ Seemeilen deutlich sahen, seine wirkliche Höhe doch wohl bedeutend seyn muß.

Nachdem wir nun die westlichste Grenze unserer Expedition erreicht hatten, bereiteten wir uns, um zur Rückkehr nach Osten aus der herrschenden Windstille den bestmöyglichsten Vortheil zu ziehen, denn da die Küste vom Cape Pillar bis zum Port Misericordia, auf einer Strecke von drei Meilen, nirgends für den Nothfall eine schützende Bucht oder Einfahrt zum Ankern darbietet, so hätte eine Veränderung des Wetters, besonders zur Nachtzeit, sehr gefährlich für uns werden können; ein Ostwind würde uns weit in das stille Meer verschlagen, ein West- oder Nord-Wind uns auf die Felsen, und ein Wind aus S. oder S.W. uns gegen die nördliche Küste, welche nur 6 Meilen von uns lag und von der wir nichts weiter wußten, als daß sie voller Gefahren ist, getrieben haben. Glücklicherweise aber hielt die Windstille an und wir landeten, nachdem wir 2½ Seemeilen weit gerudert waren, an der größten der an der Westspitze des Port Misericordia belegenen Inseln, in der Hoffnung, eine Ansicht von den „vier Evangelisten," kleinen Inseln mitten in der Mündung der Straße, zu erlangen. Auch hatten wir, obgleich dieselben ziemlich weit von uns entfernt lagen, und die Atmosphäre trübe war, das Vergnügen, diese Inselgruppe zu entdecken und die Lage derselben, so wie verschiedene andere wichtige Puncte auf unserer Charte näher zu bestimmen. Nachdem wir auf der Insel mit unseren Beobachtungen auf's Reine waren, legten wir eine Flasche mit einem Papiere, auf welchem die Zeit und der Zweck unserer Fahrt, so wie die Namen der in den beiden Böten befindlichen Officiere bemerkt waren, auf derselben nieder. Diese Flaschen-Insel (Island of the Bottle) wie wir sie nannten, liegt bedeutend hoch, und besteht aus parallellaufenden Steinschichten, die sich sämmtlich gegen die

Straße zuneigen, ein Zeichen, daß sie von den angrenzenden Felsenmassen der Küste abgerissen worden sind. Auf dem am höchsten belegenen Theile der Insel fanden wir eine ungeheure Menge loosliegender Seemuscheln; sie schienen noch alle frisch und von einer und derselben Art, nämlich von einer längs der Küste häufig gefundenen Muschelgattung zu seyn. Wir konnten uns ihr Beisammenliegen an dieser Stelle auf keine andere Weise erklären, als, daß sie durch Seevögel hieher gebracht worden seyn mögen.

Von der Flascheninsel ruderten wir in den Barmherzigkeits-Hafen (Port Misericordia), welcher aus einer Bai und zwei kleinen Buchten besteht. Die beiden äußeren Spitzen der Mündung liegen O.S.O. und W.N.W. zwei Drittelmeilen weit aus einander und der Hafen erstreckt sich S.W. eine Drittelmeile weit ins Land, engt sich dann zusammen und bildet einen kleinen Hafen, der, nach Westen sich ziehend, 2¼ Kabeltaue lang und in der Mitte eben so breit ist und sich weiterhin in einen andern endigt, welcher einem Wet-dog gleicht, die Länge eines Kabeltaues und die Breite von drei Viertheilen eines solchen hat. In der Außenbai findet sich an der Westseite in 9 bis 18 Faden Sand guter Ankergrund, außer an den Stellen, wo Seegras wächst; in den inneren Theilen der Bai ist der Grund der nämliche, nur ganz nahe an der Küste beträgt die Tiefe durchgängig 18 Faden. Auch seiner Lage wegen kann man diesen Hafen vortrefflich nennen, da er vor allen herrschenden Winden und der hohen See aus Westen geschützt ist; er hat Raum für eine bedeutende Anzahl von Schiffen. Da seine Entfernung vom Cape Pillar nur drei Meilen beträgt, so dürfte er den Schiffen, welche durch Winde oder Strömungen aus dem Südmeere in die Straße getrieben werden, von großem Nutzen seyn, besonders da er, außer den erwähnten Vorzügen, auch noch Ueberfluß an frischem Wasser und an Muscheln, so wie hinreichende Feurung für eine lange Reise gewährt. Die Einfahrt ist bequem und sicher, indem darin keine andere Gefahren drohen, als die man über dem Wasser sieht. Uebrigens ist die Bai an ihrer obigen Entfernung vom Cape Pillar und den vor ihrer westlichen Landspitze liegenden Inseln leicht zu erkennen.

Als wir mit unseren Bemerkungen, in Betreff dieses Hafens, zu Ende waren, wurden wir von der Nacht überfallen, welche wir, da am Ufer nirgends eine passende Stelle für unsere Zelte zu finden war, abermals in unsern Fahrzeugen zubrachten. Der Regen ließ uns wieder die ganze Nacht keine Ruhe. Bei Tagesanbruch segelten wir mit einem aus N.W. sich erhebenden Winde östlich, um den an der Ostseite des Cape Cut-down, oder, nach Carteret, des Dienstags-Caps befindlichen Hafen in Augenschein zu nehmen. Wir fanden in ihm eine treffliche Station gegen die aus W. herstreichenden Winde, da seine beiden Landspitzen N.N.W. und S.S.O. liegen und er an allen Seiten von hohem Lande eingeschlossen ist. Die Oeffnung ist eine halbe Meile weit und der Hafen zieht sich in westlicher Richtung bis zu einem engen, zwei Kabeltaue langen Passe, von welchem er sich dann, indem er eine Wendung nach W.N.W. macht, bis zu $1\frac{3}{4}$ Meilen erweitert und verlängert. In dem äußeren Hafen findet man an der Nordseite sowohl Schutz gegen Winde als guten Ankergrund, der hier, so wie in der Mitte, aus feinem Sande und an einigen Stellen aus Kies besteht; die Tiefe des Wassers geht von 12 bis 22 Faden. Weiter befinden sich mehrere Felsenriffe, die aber durch das darauf wachsende Seegras genugsam angedeutet werden. In der Mitte des großen innern Hafens ist der Grund im Ganzen genommen felsicht, auch die Tiefe des Wassers sehr ungleich, nämlich von 22 bis 42 Faden. Es ist daher rathsam, in dem äußeren Hafen und zwar an der Nordseite vor

Anker zu gehen, weil der Wind sich darin leicht von W. N. W. und W. nach N. N. W. und N ändert, warscheinlich wegen des Zurückprallens dieser Winde von der nördlichen Küste der Straße. Der hier am meisten zu fürchtende Wind ist der Ostwind, der sich indeß nur selten einstellt; erhebt sich derselbe, so haben die Schiffe nichts Besseres zu thun, als augenblicklich unter Segel zu gehen. Uebrigens fehlt es auch in diesem Hafen nicht an Holz und frischem Wasser und da er nur 8½ Meilen vom Cape Pillar entfernt und an dem ihn westlich begrenzenden Cape Cut-down leicht erkenntlich ist, auch eine sichere Einfahrt hat, so kann dieser Hafen ebenfalls den aus W. in die Straße getriebenen Schiffen von großem Nutzen seyn. Die östliche Landspitze dieses Hafens ist die westlichste einer andern geräumigen Bai, welche vorne anderthalb Meilen breit und eine halbe Meile tief ist, so daß sie beinahe einen Halbcirkel bildet: Hinten verengt sich die Bai bis zu einer halben Meile durch einige an beiden Seiten hervorragende Landspitzen; hier beginnt nun ein gut beschützter Hafen, welcher, sich 1¼ Meilen weit W. S. W. ins Land erstreckend, in zwei kleinen Buchten endigt. Die Bai hat sehr tiefes Wasser; nur an der Westseite nahe am Lande findet man passenden Ankergrund in 7 bis 12 Faden Sand und Corallen. Unweit der Mündung des inneren Hafens ist das Wasser bedeutend tiefer und der Grund felsicht. In der inneren Bai befinden sich einige mit Seegras bezeichnete Sandbänke, von denen wir aber keine unter weniger als sechs Faden Wasser fanden. Frisches Wasser, Muscheln und Holz mangeln zwar auch in dieser Bai, von welcher wir den nach Außen liegenden Theil Truxillo-Bai und den inneren Port Rivero nannten, nicht; doch werden Schiffe sich derselben schwerlich zum Einlaufen bedienen, da die bei weitem bessere Dienstags=Bai ihr so nahe und näher an der Mündung der Straße liegt.

Wir hatten nun die uns aufgetragenen Untersuchungen längs der Küste des Feuerlandes westlich vom Montags-Vorgebirge bis zum Cape Pillar geendigt und fühlen uns darnach zu der Versicherung an alle künftige Beschiffer dieser Gewässer bewogen, daß sie unseren Bemerkungen und Rathschlägen unbesorgt folgen können. An der Nordküste der Straße haben wir die Lage der merkwürdigsten Landspitzen bestimmt; dieß ist Alles, was uns auf dieser den, in diesem Theile der Straße vorherrschenden Winden und Strömungen so sehr ausgesetzten Küstenstrecke, welche lediglich aus einer langen Folgereihe von Inseln und Felsen besteht, der sich kein Seefahrer, außer in ganz besondern Umständen nähern wird, zu bemerken nöthig schien. Auch war es uns ausdrücklich auferlegt, unsere Untersuchungen ausschließlich auf die südliche Küste zu beschränken.

Nach so ausgeführtem Auftrage wollten wir uns zur Rückkehr an unsere Fregatten einem leichten N. W. Wind zu nuße machen, hatten aber kaum der Bai den Rücken gekehrt, als aus derselben Windgegend die See, begleitet von abwechselnder Windstille und Sturm, furchtbar zu toben anfieng. Wir schrieben diesen plötzlichen Wechsel unserer allzugroßen Nähe am Lande zu und steuerten daher nach der Mitte der Straße, in der Hoffnung, daß der Wind beständiger und gemäßigter werden werde. Auch änderte sich der Wind in ersterer Hinsicht bald nach unserem Wunsche, nahm aber zugleich so sehr an Stärke zu, daß es uns nur mit der angestrengtesten Mühe gelang, unsere kleinen offenen Böte vom Umschlagen zu bewahren. In dieser verzweiflungsvollen Lage konnten wir bei der Unmöglichkeit, irgendwo vor Anker zu gehen, nur suchen, unsere Böte vor dem Winde zu halten, und wurden so über zehn Meilen weit fortgetrieben. Endlich um 4 Uhr N. M. fanden wir Schutz in einer W. S. W. vom Cape Tamar an der südlichen Küste befindlichen offenen Bai, welcher wir mit Recht den Namen „Glücksbai (Bay of good fortune) ertheilten. Zwar giengen unsere Mundvorräthe bereits ziemlich auf die Neige, indem wir weit über die berechnete Zeit auf der Fahrt zugebracht hatten; da aber der Sturm nur wenig an Kraft verloren hatte, so hielten wir es doch für rathsam, die Nacht über an unserem Zufluchtsorte zu bleiben. Am anderen Morgen verließen wir ihn indeß trotz des mit gleichem Ungestüm fortwüthenden Sturms, zu welchem sich auch noch ein unaufhörlicher Regen gesellt hatte und steuerten für's erste, zur Vermeidung der Felsenriffe und Sandbänke, einige Meilen vom Lande ab. Indem wir uns so viel wie möglich vor dem Winde hielten, segelten wir diesen Tag über 37 Meilen weit in der Straße fort und giengen endlich an der Ostseite des Montags=Caps, wo wir wieder die Lage mehrerer Puncte der jenseitigen Küste beobachteten, an einer vor dem Winde geschützten Stelle vor Anker. Der Wind hatte sich am folgenden Morgen gelegt, die See aber gieng noch fortwährend hoch; demungeachtet steuerten wir quer über die Straße der Nordküste entgegen, wo wir in der Nähe des Cape Quade für die Nacht die Anker auswarfen. Am folgenden Tage hatten wir die hohe Freude, wieder in Port Galan oder St. Joseph anzulangen, wo die Fregatte, auf welcher man, da unsere Abwesenheit nicht weniger als 22 Tage dauerte, bereits in lebhafter Besorgniß um uns gestanden hatte, fortwährend vor Anker lag. Ungeachtet der Dauer und der Beschwerden unserer Fahrt, welche von Menschen, die an das ganz entgegengesetzte Klima des südlichen Spaniens gewöhnt waren, um so mehr empfunden wurden, war nur ein Matrose von der Mannschaft der Böte krank geworden; derselbe ward nämlich, als wir eben die Fregatte verlassen hatten, von einem kalten Fieber befallen, genaß aber bald wieder mitten unter den Beschwerden der Fahrt und ohne den Gebrauch irgend eines Arzneimittels.

Während wir in Port Galan lagen, hatten wir starken Verkehr mit dem Eingebornen, welche wir „Indianer des Feuerlandes" nannten, sowohl weil dieses Land ihr gewöhnlicher Aufenthalt zu seyn scheint, als auch weil Capitán Cook von demselben Volke selbst an den südlichsten Theilen desselben angetroffen hat. Nie entdeckten wir in diesen Menschen irgend einen Trieb zum Bösen, nicht einmal den, welchen man bei Menschen in ihrer Lage für so natürlich halten möchte, nämlich Diebslust. Weit entfernt aber, diese Sündlosigkeit einem Gefühl von Moralität zuzuschreiben, sind wir vielmehr nach aufmerksamen Beobachtungen geneigt, die Ursache darin zu finden, daß nichts die starre Gleichgültigkeit dieser Menschen zu rühren vermag.

Am 24. Februar verließen uns die Indianer, die bisher ab- und zugegangen waren, ganz und zwar, wie wir glauben, wegen des Absterbens eines Knabens aus ihrer Mitte. Es herrscht nämlich bei ihnen die Sitte, daß sie die Oerter, wo ihnen ein Unfall zugestoßen ist, augenblicklich verlassen. Unsere Geistlichen verrichteten insgeheim die Taufe an dem Kinde, welches nach der Meinung der Wundärzte noch nicht zwei Jahre alt war und gaben ihm die Namen Antonio Joseph Julian. Wir begruben den Leichnam auf der niedrigen Landspitze, welche die Westseite der Einfahrt des Hafens bildet und zu gleicher Zeit nicht weit davon, im Innern eines Gehölzes, den eines Matrosen, welcher in Folge eines kalten Fieber, von welchem er noch vor der Abfahrt aus Spanien befallen worden war, am letzten Tage dieses Monats starb.

Auf einem unserer Ausflüge in das Gebirge, welches den Port Galan umschließt, fanden wir eine versiegelte Flasche mit einer langen lateinischen Inschrift und von dem Herrn de Bougainville auf seiner Reise um die Welt im

Jahre 1768 hier niedergelegt. Dem Beispiele dieses Reisenden folgend, ließen wir ebenfalls eine Flasche mit einem ähnlichen Inhalte hier zurück. Der Berg, auf welchem diese beiden Denkzeichen nun liegen, erhielt von uns den Namen Cerro de la Cruz (Kreuzesberg).

Der Winter begann nun (zu Ende Februars) in diesem unwirthlichen Lande bereits seine nahe Ankunft zu melden. Unsere Kabeltaue litten sehr durch die fast ununterbrochen aus W. N. W. nach S. W. stürmenden Orkane, so, daß wir ihretwegen große Angst ausstanden. Dieser Umstand erheischte einen schnellen Entschluß, in Betreff der fernern Richtung unserer Fahrt; es ward demnach ein Conseil von sämmtlichen Officieren gehalten, in welchem man der einstimmigen Meinung war, daß in der gegenwärtigen Sachlage es den Befehlen des Königs am gemäßesten sey, gerades Weges nach Europa zurückzukehren, damit nicht durch eine unzeitige und unzweckmäßige Waghälsigkeit das Schiff und die Mannschaft neuen Widerwärtigkeiten ausgesetzt und dem öffentlichen Schatze neue Lasten aufgebürdet werden möchten.

Die sämmtliche Mannschaft genoß, obgleich durch den anhaltend harten Dienst auf der Fregatte in diesen stürmischen Gewässern und durch die vielen Nebenfahrten in den Böten im hohen Grade erschöpft, stets des besten Wohlseyns, ungeachtet wir an manchen Nothwendigkeiten des Lebens, besonders an den zur Gesundheit dienenden Mitteln, gänzlichen Mangel litten und übrigens auch bereits genöthigt worden waren, die tägliche Ration um ein Viertheil zu vermindern.

Wir warteten nun zur Ausführung unsers Vorhabens bloß auf günstigen Wind, bis zu welcher Zeit wir uns damit beschäftigten, über die Bewegungen unserer Chronometer Untersuchungen anzustellen. Diese Arbeit, so leicht sie

an sich ist, setzt in diesem Theile der Welt die Geduld auf
gar harte Proben, indem der hiesige Himmel ein abgesag-
ter Feind aller Astronomen zu seyn scheint; es ist nämlich
hier nichts Ungewöhnliches, daß selbst im Sommer oft 15
bis 20 Tage verstreichen, ohne daß man Sonne, Mond
oder Sterne zu Gesicht bekommt.

Endlich am 11. März, nach einem Aufenthalte von
39 Tagen in Port Galan oder St. Josephs-Hafen,
während welcher Zeit der Wind fortwährend ungünstig gewesen war, giengen wir mit einem frischen S.W. Winde
unter Segel. Der Wind ließ während der Nacht bedeutend nach; demungeachtet aber segelten wir bis zum folgenden Tage fort, da dann der aus N.N.W. nach N.W.
sich erhebende Wind uns nöthigte, wieder zu dem beschwerlichen Hülfsmittel des Lavirens unsere Zuflucht zu nehmen.
Am Morgen ward es beinahe völlig windstill, worauf wir
etwa drei Seemeilen nördlich von der Landspitze St. Maria und eine halbe Meile weit vom Lande ab vor Anker giengen.

Bald nach Tagesanbruch lichteten wir die Anker mit
einem schönen, aber unbeständigen Westwinde, der uns
glücklich und ohne Schwierigkeit durch den gefährlichen Paß
zwischen der Insel St. Elisabeth und den Inseln St.
Martha und St. Magdalena brachte. Um 1 Uhr
N. M. liefen wir, mehr von der Strömung als vom Winde begünstigt, durch den engen St. Simons-Canal und
warfen um 4¼ Uhr in der Bai St. Gregorio, in drei
bis vier Meilen Entfernung von dem gleichnamigen Vorgebirge, die Anker aus.

Da wir einen großen Haufen Patagonier zu Pferde
und von Schwärmen von Hunden begleitet, am Strande
gewahr wurden, fuhren einige von unsern Leuten zu ihnen

ans Land, und wurden von diesen Wilden, welche zufälliger Weise gerade dieselben waren, welche wir bereits auf unserer Fahrt nach Westen gesehen hatten, auf die gewohnte freundschaftliche Weise empfangen. Sie kehrten mit sieben Patagoniern an Bord zurück, welche sich das ihnen vorgesetzte Essen trefflich schmecken ließen, viele Neigung zum Tabackrauchen und ein lebhaftes Verlangen nach Degen oder Hirschfängern, wovon wir einige gegen Lama- und Zorillo Häuten an sie vertauschten, zu erkennen gaben. Unter dem an der Küste befindlichen Haufen befanden sich auch einige Weiber, von denen es aber keine hatte wagen wollen, mit an Bord zu kommen. —

Am 14 giengen wir wieder unter Segel, machten aber die unangenehme Bemerkung, daß, so wie uns der Wind früher bei unserm Einlaufen in die Straße entgegen gewesen war, er durch ein sonderbares Mißgeschick auch jetzt bei der Ausfahrt aus derselben sich uns zuwiderlegte. Anfangs blies er aus N. O., welches uns zum Laviren nöthigte und da er sich nachher nach S. umdrehte, kamen wir auf einmal ganz unerwartet in seichtes Wasser. Da es bereits 5 Uhr N. M. war und wir uns fast ganz von Klippen und Sandbänken umringt sahen, so blickten wir uns begierig nach einem guten Ankerplatze um, welchen wir denn auch so glücklich waren, etwa zwei Seemeilen von der Mündung des engen Passes Esperanza, sonst auch der erste Paß genannt, zu finden.

Der Wind, welcher schon am Abend vorher sich ziemlich frisch eingestellt hatte, nahm diesen Tag an Stärke bedeutend zu. Da es wegen der gegen uns laufenden starken Strömung durchaus unmöglich war, unter Segel zu gehen, so befanden wir uns den größten Theil des Tages über in einer höchst critischen Lage. Das Schicksal der Fregatte hieng allein von dem Widerstande der bereits stark beschädigten Kabeltaue ab, die in ihrem elenden Zustande nun noch einem wüthenden Sturme, einer hohen See und der Strömung, welche um 8 Uhr N. M. ebenfalls die Richtung des Windes nehmen mußte, die Wage halten sollten. In dem Falle, daß diese Taue rissen, würden wir uns ohne Halt in einem engen Passe befunden haben, worin wir wegen der von beiden Küsten weit auslaufenden Sandbänke in der Dunkelheit unmöglich hätten laviren können. Noch einen andern Anker fallen zu lassen, wäre unnütz gewesen, denn da das Kabeltau an dem einzigen, welchen wir noch in Reserve hatten, nur einfach und schwächer, wie das bereits ausgeworfene war, so würde es, wenn dieses nachgegeben hätte, ohnzweifentlich auch gerissen seyn. Zu unserm höchsten Glücke legte sich aber um 10 Uhr N. M. der Wind, und wir schöpften nun wieder gute Hoffnung, bald aus unserer schrecklichen Lage erlöst zu seyn. Am 16. Abends giengen wir mit einem sehr schwachen Nordwinde unter Segel; derselbe drehte sich aber bald nach N.O., wodurch wir genöthigt wurden, gegen denselben umzuwenden. Diese Opposition in der Richtung der Winde zeigte, da sie uns mehrere Male traf, bevor wir aus der Straße gelangten, daß die N.O. Winde, so stark sie auch an der Mündung wehen, sich nie sehr weit in die Straße erstrecken, wo die Westwinde eine unbestrittene Herrschaft auszuüben scheinen.

Mit der nach N.O. laufenden Strömung durch den ersten Paß segelnd, kamen wir um 7 Uhr N. M. in 7 Faden Sand und Steine, etwas östlich von der Mündung der Straße und ganz nahe an der nördlichen Küste zu Anker. Bald darauf änderte die Strömung ihre Richtung nach S.W. und das Wasser stieg bis zu 9 Faden. Indem wir nun in dieser Richtung blieben, nahm um 12 Uhr die Tiefe des Wassers allmählig ab, so daß wir uns um 5 Uhr in 3½ Faden Sand befanden.

Man kann sich leicht unsere Betrübniß vorstellen, als wir uns bei allen den andern ungünstigen Umständen nun auch noch mitten in einer unbekannten Strömung sahen, über deren Dauer wir völlig ungewiß waren. Aber trotz des dicken Nebels, welcher das nahe Land vor unsern Augen verbarg, giengen wir doch auf Gerathewohl unter Segel und entrannen auch mit Hülfe der Strömung und einiger leichten Winde glücklich der so gefahrvollen Lage, in welcher wir uns befunden hatten. Wir überließen uns nun ganz der Führung des Senkbleis, anfangs nahm die Tiefe zu, dann aber wieder ab, bis wir zuletzt nicht mehr als 3½ Faden sondirten. Wir änderten nun unsere Richtung, verfolgt von steter Unruhe, welche durch das Senkblei eher erhöht, als gehoben wurde, indem es uns oft eine erwünschte Richtung zeigte, die uns bald darauf in neue gefährliche Lagen brachte.

Leichte Winde, so wie die Strömung, hatten uns vor Unglück bewahrt; da es aber höchst unvorsichtig gewesen seyn würde, wenn wir solchen Führern länger das Schicksal der Fregatte anvertraut hätten, auch der Nebel mit jedem Augenblicke dichter wurde, und uns zuletzt selbst den Anblick der nächsten Gegenstände entzog, so ließen wir in 8½ Faden den Anker fallen, um zur Fortsetzung unserer Fahrt besseres Wetter abzuwarten, obgleich wir über unsere derzeitige Lage in völliger Ungewißheit schwebten.

Am 17. Nachmittags klärte sich die Luft etwas auf und wir giengen, obgleich der Wind zwar nur mäßig aus N.O. wehte, mit der uns günstigen Strömung unter Segel, nachdem wir vorher endlich zur Ansicht des Cape Possession gelangt waren, in dessen Bai wir die Zeit über, ohne es zu wissen, gelegen hatten. Nicht ohne Unruhe und Besorgniß fuhren wir kurz vor unserem völligen Ausgange aus der Straße zwischen dem Cape de las Virgines und einer von Sarmiento entdeckten und bezeichneten Sandbank durch. Der Wind, der sich inzwischen bereits nach N. und N. N. W. gedreht hatte, stellte sich auf einmal mit fürchterlicher Wuth und von Gewitter und Regen begleitet, aus S. W. ein. Um 9½ Uhr N. M. hatten wir durch die dunkeln Wolken einen kurzen Schimmer von dem letztgedachten Vorgebirge, welches um 1¼ Uhr des folgenden Morgens nördlich von uns lag. Der Wind ließ nun in so weit nach, daß wir einige Segel beisetzen konnten, so daß wir am Sonnabend, den 18. März, bei Tagesanbruch die hohe Freude genossen, uns gänzlich ausserhalb der Magellansstraße und auf dem Wege nach Spanien zu sehen.

*
*

Da die im Englischen Original ebenfalls sehr ausführlich beschriebene Rückreise nach Spanien des Interessanten wenig oder gar nichts enthält, so hat sich der Uebersetzer begnügt, das Hauptsächliche derselben darin zusammen zu fassen, daß, nachdem die Fregatte am 29. April in 22½° W. L. von Cadix die Linie passirt, sie am 11. Junius *) Morgens wieder glücklich, und mit Verlust von nur zwei Matrosen auf der ganzen Entdeckungsfahrt, in dem letztgedachten Hafen angelangt ist.

---

*) Es ist in der That eine eben so unbegreifliche als unverzeihliche Nachläßigkeit, entweder von Seiten des Spanischen Verfassers oder des Englischen Uebersetzers, daß in dem Original der Reise nirgends von dem Jahre, in welchem selbige Statt gefunden hat, Erwähnung geschehen ist.

Anhang.

Erste Abtheilung.

Beschreibung der Magellansstraße, Eintheilung in hohes und niedriges Land. Temperatur. Boden; Erzeugnisse desselben, Thiere.

Die Meinung der meisten Naturkundigen, daß die Magellansstraße durch Erdbeben und vulcanische Ausbrüche entstanden sey, hat in der That Vieles für sich. Buffon meint in seinen „Epoques de la nature," daß der hohe gebirgige Theil des Landes sehr alt sey, der ebene dagegen aus verhältnißmäßig jüngeren Zeiten herrühre. Als Grund zu dieser Behauptung führt er an, daß die von den beständigen heftigen Westwinden bewegte See sich durch allmähliges Abwaschen von der Westküste des Festlandes von Südamerica so viel wie möglich neuen Raum verschafft habe, woraus er nun den Schluß zieht, daß das jetzt an der Westseite der Straße gesehene Land sehr alt seyn müsse; weiter sagt er, daß, da die See an der östlichen Küste mehr und mehr von derselben sich zurückziehe, und Grund verliere, wie man aus den Niederungen in der Nähe des Cap de las Virgines deutlich sehen könne, das sich nörd=

lich von der Landspitze Miera bis an die, hinter dem Jungfrauen = Vorgebirge bis an das Cap Possession sich hinziehende Hügelreihe erstreckende Land durchgängig sehr neu seyn und die See sich in früheren Zeiten über diese Niederungen bis an die gedachte Hügelreihe, welche damals ein hohes steiles Ufer gebildet habe, ausgebreitet haben müsse.

Ohne uns weiter bei diesen bloßen Vermuthungen aufzuhalten, wollen wir jetzt zu dem übergehen, was wir selbst gesehen haben. Zuerst ist nun zu bemerken, daß das Land in der Nähe der Magellansstraße unter zwei verschiedenen Gesichtspuncten betrachtet werden muß, indem man nämlich den niederen Theil desselben von dem gebirgigen zu trennen hat, weil beide sich nicht allein, was ihre natürliche Beschaffenheit und Production betrifft, sondern auch hinsichtlich ihrer Bewohner wesentlich von einander unterscheiden.

Die Ebene oder die Niederungen nehmen den ganzen Theil des Continents an der nördlichen Seite der Straße vom Cap de las Virgines westlich bis zum Cap Negro ein, ohne daß man jedoch ihre Ausdehnung nach N. und O. genau bestimmen kann. So viel ist indeß gewiß, daß sie sich eine bedeutende Strecke weit in dieser Richtung erstrecken, und daß sie von den unermeßlichen Ebenen (Pampas) der Provinz Buenos Ayres und dem Patagonischen Küstenstriche, von welchen beiden sie sich nur unmerklich unterscheiden, begränzt werden.

An der Südseite der Straße erstreckt sich das sogenannte Feuerland westlich von dem Cap Espiritu Santo bis zum Vorgebirge St. Valentin und südöstlich, nach dem Berichte der Brüder Nodal, bis zum Cap de Pinas, wo der Boden sich zu erheben und bergig zu werden beginnt, so daß derjenige Theil des Feuerlandes, welcher zwischen dem Canal St. Sebastian im Süden und der Magellansstraße und dem Canal S. Maria de la Cobeza im Norden und Westen liegt, als eine weite Strecke niedrigen Landes, welche sich von den mit dem Namen des Feuerlandes eigentlich belegten Inseln in jeder Hinsicht unterscheidet, anzusehen ist.

Von dem obenerwähnten Cap Negro an der Nordküste bis zu dem Vorgebirge Victoria, dem westlichen Endpuncte der Straße, bietet das feste Land nichts als eine Gruppe nackter Berge mit dazwischen liegenden engen Thälern dar; es ist dieß der Anfang der berühmten Cordilleras der Anden, welche Südamerica, indem sie von Norden nach Süden 1700 Seemeilen weit durch dasselbe läuft, in zwei Theile, den östlichen und den westlichen, theilt. Diese Cordillera beginnt an der südlichsten Spitze der Nordküste der Magellansstraße, dem Morro de San Agueda, auch Cape forward genannt, welches als das südlichste Ende dieses ungeheuren Continents, über dessen nördliche Gränzen man noch stets in so tiefer Ungewißheit schwebt, zu betrachten ist.

Auch längs der Küste des Feuerlandes *) vom Cap St. Valentin bis zum Pfeiler-Cap erheben sich Berge von ungeheurer Höhe, welche, wo möglich, einen noch grausigeren Anblick gewähren, als die auf dem Festlande und auf den ersten Blick darthun, daß jener Theil des Landes eine bloße Inselgruppe ist, ein offenbarer Beweis von den Revolutionen, denen unsere Erdkugel unterworfen gewesen ist.

---

*) Dieser Theil des südlichen America's hat seinen Namen nicht etwa von einer dort erlebten ungewöhnlichen Hitze erhalten, sondern von den Feuern, welche die ersten Beschiffer der nahen Gewässer längs den Küsten auflodern sahen.

Derjenige Landstrich, welchen wir durch die Benennung von Ebenen oder Niederungen unterscheiden, ist keinesweges so eben, daß er nicht auch mehrere durch kleine Hügel gebildete Ungleichheiten darböte. Ueberall ist sich aber die Beschaffenheit des Bodens völlig gleich; er besteht nämlich aus einer Mischung von dunkelfarbiger Sanderde; wenigstens ist er auf der Oberfläche so beschaffen, in denselben zu graben, um ihn auch unten zu untersuchen, hatten wir keine Gelegenheit. Indeß scheint nach dem zu urtheilen, was wir an solchen Orten, wo der Grund längs der Küste von der See ausgehöhlt war, sahen, kein anderer Unterschied darin Statt zu finden, als der bloße Zusatz einiger kleinen Steine. Auch enthält der Boden eine Menge sehr scharfer Salztheile, welche sich dem Wachsthum von Pflanzen und Bäumen sehr zuwider legen; denn von ersteren gedeihen hier nur wenige und von den letzteren ist gar keine Spur vorhanden.

Da wir keine Gelegenheit hatten, irgend einen Theil des Feuerlandes zu besuchen, so können wir hier nur das mittheilen, was wir davon von weitem zu sehen im Stande waren, nämlich daß uns dieses Land in jeder Hinsicht dem Continente gleich zu seyn schien, mit dem einzigen Unterschiede, daß es durchbrochener und unebener ist, daher es mehr Aehnlichkeit mit den Falklands=Inseln hat. Hieraus läßt sich nun mit vieler Wahrscheinlichkeit schließen, daß beide sich in Hinsicht ihrer Erzeugnisse ziemlich gleich kommen.

Der Anblick des gebirgigen Theils im Westen ist von diesem niederen Landstriche so sehr verschieden, daß es beinahe unmöglich scheint, daß die Natur, welche bei ihren Veränderungen doch sonst gewöhnlich eine gewisse Stufenfolge beobachtet, hier einen so plötzlichen Abstand gebildet hat.

Zwar geht die natürliche Vermuthung dahin, daß die hohen Berge, welche sich in dieser Gegend befinden, alle von derselben Art seyen; es läßt sich aber schwer bestimmen, von welcher Beschaffenheit der Boden ist, aus welchem ihre Seiten und die schmalen Ebenen an ihrem Fuße bestehen, denn diese Theile sind entweder ganz mit ungewöhnlich dicken Waldungen besetzt, deren abgestorbene Stämme und Aeste mit andern verwelkten Pflanzen und Gesträuchen eine weit über den eigentlichen Boden erhabene Oberlage gebildet haben, oder mit einer Pflanzenart bedeckt, welche dem Esparto (einer sehr gewöhnlichen Binsengattung in Spanien) ähnlich, aber bei weitem zerbrechlicher und von einem halben bis anderthalb Fuß hoch ist; ihre Farbe ist, nachdem sie ihren völligen Wachsthum erreicht hat, der des Esparto, wenn selbiges getrocknet oder verwelkt ist, durchaus gleich.

Die Berge sind im Ganzen genommen auf zwei Drittheilen ihrer Höhe mit Bäumen bedeckt; der übrige Theil aber besteht aus einer Masse von nackten und schroffen Gipfeln von röthlicher Farbe, obgleich es auch einige Stellen verschiedener Art giebt, nämlich von gewöhnlichem Granit, der, von den Naturkundigen Saxum genannt, als der Kern oder der ursprüngliche Bestandtheil aller Berge betrachtet wird. Die Höhen dieser Bergreihen sind in der Regel mit Eis und Schnee bedeckt, welcher wegen der außerordentlichen Feuchtigkeit der Luft bald nach seinem Fallen schmilzt. Wir bemerkten auf den Gipfeln der Berge, welche wir bestiegen, nichts Besonderes; sie schienen vielmehr in jeder Hinsicht auch zu der Beschreibung zu passen, welche Don A. de Ullva über die Cordilleras ertheilt hat.

Zwischen dem Cap Redondo oder San Isidro und dem Cap forward befindet sich ein sehr steiler Hügel, der, sich perpendiculär über die See, die hart am Fuße des

Berges über funfzig Fuß Tiefe hat, erhebend, überall auf seinem Gipfel, welcher völlig aus Muschelschaalen und anderen versteinerten Substanzen besteht, mit schönen grünen Bäumen bekleidet ist. Herr de Bougainville hat daher diesem Vorgebirge den Namen Cape Temar-Kable (Merkwürdiges Vorgebirge) gegeben.

Der einzige Unterschied zwischen diesen Bergen und denen des Feuerlandes besteht darin, daß sie nicht so dicht beholzt sind, auch sind die Bäume dort keinesweges so breitästig und stämmig, weil sie im Ganzen genommen bei weitem mehr mit Schnee bedeckt sind.

Unsere völlige Unbekanntschaft mit Mineralien mag vielleicht die Ursache seyn, daß wir in diesen Gegenden überall keine Spuren davon entdeckt haben. Indeß brachten uns die Eingeborenen (Indianer) oft Stücke von einer Steinart, womit sie sich Feuer machen und welche sie, ihrer Bezeichnung nach, von den nahen Bergen holten. Nach dem Flimmer einer härteren und glänzenderen Substanz, als der übrige Theil dieser Steinart, zu urtheilen, muß sie irgend eine Art von Metall enthalten. Schlägt man mit einem Stahle daran, so giebt sie Feuer und zugleich einen schwefelartigen Geruch von sich *). Es läßt sich hieraus schließen, daß verschiedene Arten Mineralien in den Eingeweiden dieser Berge verborgen seyn mögen und daß diese Spuren das Daseyn ehemaliger Vulcane in diesem Theile der Welt beurkunden.

Obgleich während unsers funfzehntägigen Aufenthalts in den ebenen Gegenden der Straße nur wenig Regen ge-

---

*) Note des Spanischen Originals. Pedro Sarmiento behauptet, daß diese Steinart das Silber- oder Golderz de Veta sey, da es durchaus dem Curiquixo de porco del Peru gleiche, dieß sind seine eigenen Worte.

fallen war, so schien doch die Trockenheit, welche sich überall zeigte, mehr eine Folge des sandigen und daher lockeren Bodens, als des Mangels an Regen oder Thau zu seyn, weil dieser, sobald er fiel, auch gleich so schnell in denselben eindrang, daß man einige Augenblicke nachher schon keine Spur mehr von Nässe wahrnehmen konnte. Hiezu kommt nun noch, daß die herrschenden Winde in diesen Gegenden an sich trocken und heftig sind, wie man an den hier wachsenden Pflanzen bemerken kann, welche sich alle nach der Richtung der Winde hinneigen. Man darf daher wohl annehmen, daß der dasige Boden sich zum Anbau von irgend einer Europäischen Getraideart eben so wenig eigene, als der ganz gleichartige in unsern Niederlassungen auf dem Falklandsinseln, wo die in dieser Hinsicht angestellten Versuche alle ohne erwünschten Erfolg geblieben sind.

Wir fanden in diesem ebenen Landstriche überall keinen Fluß oder Bach, welcher der Bemerkung werth gewesen wäre, bloß einige unbedeutende Canäle, die aber fast ganz ohne Wasser waren; dagegen befinden sich hier mehrere Teiche oder kleine Seen von frischem Wasser, aus welchen die Bewohner ihren Bedarf schöpfen. Ueber die Beschaffenheit dieses Wassers können wir nichts sagen, da wir wegen der Schwierigkeit, uns davon in gehöriger Quantität zu verschaffen, nie davon an Bord Gebrauch gemacht haben.

Es hält schwer, über das Klima in diesem Theile der Straße nach unserm kurzen Aufenthalte in demselben etwas Bestimmtes zu sagen, denn da die Sonne damals täglich während achtzehn Stunden über dem Horizont stand, so würde es höchst unpassend seyn, wenn wir nach den damals angestellten Beobachtungen auf die Temperatur in anderen Jahreszeiten schließen wollten. Indeß erhob sich selbst zu der Zeit das Quecksilber in unserem vortrefflichen

Englischen Thermometer nie über neun Grad nach Reaumur, oft nur bis zu fünf Grad. Nach diesem Maaßstabe
muß es doch wohl zu anderen Zeiten des Jahres sehr kalt
seyn, besonders wenn man dabei noch in Erwägung zieht,
daß die, über die mit ewigen Schnee bedeckten Berge herstreichenden, und daher mit Kälte geschwängerten W. und
W.S.W. Winde die Strenge des Klimas in hohem Grade
vermehren müssen, der Himmel ist in der Regel hell und
die Atmosphäre heiter, wenigstens war dieß der Fall bei
unserer zweimaligen Fahrt durch diese Gegend. Doch ver-
steht sich dieß hauptsächlich nur von dem Vorgebirge do
las Virgines und seiner Umgebung, denn so wie man sich
westwärts dem ersten Passe Esperanza nähert, spürt man
auch schon in den die Atmosphäre schwängernden Dünsten
sehr empfindlich die Nähe der Berge.

Die Temperatur des gebirgigen Landstrichs weicht in
den verschiedenen Theilen desselben sehr von einander ab.
Vom Cap Negro an bis zum Cap forward ist sie höchst
milde und auch der Anblick des Landes sehr angenehm.
Von dem letztern Puncte bis zum Cap St. Geronimo
wird das Klima schon bedeutend strenger, und das Land
selbst rauher und wilder, steht aber darin noch bei weitem
zurück gegen die übrige Küstengegend der Straße bis zu
deren westlichen Spitze, dem Cap Vittoria, welchem Di-
strict, daher auch Narborough mit völligem Rechte den
schrecklichen Namen „Verwüstung des Süden" (Desolation of the South) beigelegt hat.

Selbst in der Mitte des Sommers empfanden wir in
diesem letztern Theile der Straße eine strenge Kälte und
eine sonderbare Unbeständigkeit in der Witterung; selten
genossen wir das Angenehme eines heitern Himmels und
nur kurz waren die Augenblicke, in welchen wir von den
Strahlen der Sonne etwas erwärmt wurden. Kein Tag

vergieng ohne Regen und in der Regel hörte es damit den ganzen Tag nicht auf. Das Thermometer stand gewöhnlich 6° und 7° und fiel zuweilen bis auf Null. Zugleich muß hierbei noch bemerkt werden, daß die Berge, von welchen unser Schiff überall umgeben war, nothwendig die Kälte, welche wir auf den Höhen derselben sehr stark und beinahe unerträglich fanden, bedeutend vermindert haben muß.

Es ist übrigens wohl keinem Zweifel unterworfen, daß die steilen, hohen und unfruchtbaren Felsen und Berge in diesem Theile der Straße, welche mit ihren, mit ewigen Schnee bedeckten Gipfeln einen düstern, grausenerregenden Anblick gewähren, zu der Feuchtigkeit und Kälte der Atmosphäre vieles beitragen. Daher ist denn auch die Luft hier beständig mit Dünsten und Nebel so dicht angefüllt, daß oft selbst die wüthendsten Orkane sie nicht zu zerstreuen vermögen. Sollte hier nun, wie in andern Gegenden der Welt, die Kälte im Winter verhältnißmäßig zunehmen, so muß sie alsdann kaum zum Aushalten seyn. Wir selbst haben diese Erfahrung Gott lob nicht gemacht; die Holländer dagegen, welche durch widrige Winde genöthigt wurden, den ganzen Winter über in der Bai des Cordes zuzubringen, verloren durch die Härte des Klimas nicht weniger als 80 Mann. Uebrigens brauchen wir gar nicht zu fremden Beispielen unsere Zuflucht zu nehmen, wenn wir nur an das traurige Schicksal der von Sarmiento hier gestifteter Colonien denken, deren Anfassen sämmtlich von der Kälte hingerafft wurden.

Alle Reisebeschreiber stimmen darin überein, daß es in der südlichen Hemisphäre unter gleichen Breitengraden doppelt so kalt, wie in der nördlichen ist. Einige wollen behaupten, daß dieß von dem größeren Raume herrühre, welchen die Gewässer des Oceans in der ersteren einnehmen;

daher komme es, daß zu gewissen Zeiten Schnee und Eisschollen in nicht sehr hohen Breiten angetroffen werden und daß die fortwährend heftig wehenden Westwinde, indem sie über eine ungeheuere Wasserfläche hinstreichen, ohne in ihrer Richtung durch irgend etwas unterbrochen zu werden, allmählig bis zu einer solchen Wuth zunehmen, daß sie den Befahrern dieser Gewässer das schrecklichste Schicksal bereiten können und besonders auch die Umsegelung des Cap Horn von Norden und Osten her sehr mühsam und gefährlich machen.

Unmöglich kann man sich einen Begriff von der in allen diesen Gegenden herrschenden Nässe und von der Menge von Bächen und Wasserfällen machen, die man darin antrifft. Letztere stellen sich, indem sie sich von den höheren Abtheilungen der Berge herabstürzen, den Augen auf dem ersten Blick sehr angenehm dar, erregen aber, so wie man sich ihnen nähert, ganz entgegengesetzte Empfindungen. Das Wasser aus denselben ist übrigens, wenn man es gleich nach dem Schöpfen trinkt, sehr gut; es hält sich aber nicht lange, wie wir die Erfahrung durch das davon an Bord genommene machten, indem dieses bald einen widerlichen Geschmack annahm.

Bei einer solchen Beschaffenheit des Bodens und des Klimas in den die Straße begrenzenden Ebenen oder Niederungen ist es wohl nicht zu verwundern, daß wir nur wenige Pflanzen als Erzeugnisse dieser Gegenden zu beschreiben haben, wobei wir jedoch bemerken müssen, daß wir diese sämmtlich nahe an der Küste gefunden haben, indem wir weit in das Land zu bringen keine Gelegenheit hatten; es würde also höchst irrig seyn, zu behaupten oder zu glauben, daß es im Innern des Landes nicht noch andere Pflanzenarten gäbe.

Der ganze Bezirk, welchen wir wegen der mangelnden Nässe des Bodens als zur Vegetation unqualificirt beschrieben haben, ist demungeachtet dicht mit einer Pflanzenart, welche dem Hafergrase gleicht, so wie mit einer andern, welche auch auf den Falklandsinseln im Ueberflusse angetroffen und dort Paxonol genannt wird, überwachsen. Wir fanden diese letztere im Monat December in ihrem vollen Wachsthum und grüngelblich von Farbe; wenn sie reif ist, läßt man sie vertrocknen und als Stroh liegen, die Patagonier bedienen sich derselben alsdann zur Verfertigung von Fackeln. So viel wir sahen, liefert sie ein sehr gutes Brennmaterial; auch ist sie allem Anschein nach sehr geeignet zum Futter für das Vieh, wie man bereits auf den Falklandsinseln die Erfahrung gemacht hat.

Die erste Pflanze, die wir nun zu beschreiben haben, ist zwei Fuß hoch, sehr dick und buschig; ihre Blätter gleichen denen der Cypresse, auch in der Farbe; am Ende eines jeden Blattes befindet sich eine kleine gelbe Blume, so daß jeder kleine Zweig eine Art Blumensträußchen bildet, welche einen starken aromatischen Geruch gleich dem Thymian um sich verbreitet. Der Geschmack ist sehr bitter und harzig. Diese Pflanze trägt weder Stacheln noch Frucht; ihre Wurzeln verbreiten sich, obgleich sie nur dünn und schwach sind, sehr weit. Reibt man die Blätter gegen die Hand, so geben sie einen höchst lieblichen erquickenden Geruch von sich. Dieß Gewächs gleicht in etwas dem Erica oder Spanischen Haidekraut, ist aber doch mehr als eine dieser Gegend eigene Art anzusehen.

Die zweite Pflanze hat nur wenige Blätter, welche klein und mit einem zarten Flaum überzogen sind; sie sind von der Form einer flachen Hand; die Farbe der oberen Seite ist hellgrün, die der untern weiß und flaumig; von Geschmack etwas säuerlich. Der Stiel hat etwa anderthalb Fuß Höhe und trägt oben einige Blumen, welche mit ihren weißen Blättern und ihrem gelben Kelche unserer Ringelblume (Calendula L.) gleichen; diese Blumen befinden sich immer zu drei und vier zusammen. Der Stiel ist ebenfalls flaumig und dünn. Die Wurzel von weißlicher Farbe ist fünf bis sechs Zoll lang. In mancher Hinsicht hat sie Aehnlichkeit mit unserem Sauerampfe.

Die dritte Pflanze ist etwa einen Fuß hoch; ihre Blätter sind kleiner, wie die von Salbei, weißlich, dick und haarig, ihr Geruch ist etwas aromatisch, ihr Geschmack bitter. Sie scheint eine Abart von der auf den Feldern wachsenden Canipitis oder Semperviva zusein.

Die vierte Pflanze ist eine Art Strauchgewächs, nur etwas über einen Fuß hoch, und verbreitet sich auf mehr als drei Fuß weit im Umfange; ihre Blätter sind rund, gleich der Mandelfrucht geformt, und von dunkelgrüner Farbe; ihre Zweige sind mit Dornen so dicht und in so regelmäßiger Ordnung besetzt, daß sie unter jedem Blatte ein Kreuz bilden, auf welchem das Blatt liegt; der Geschmack derselben ist säuerlich, aber unangenehm, ihr Geruch streng. Sie trägt eine kleine runde Frucht von demselben Geschmack; indeß hatte sie, als wir solche sahen, noch nicht ihre völlige Reife erlangt.

Diese obangegebenen Pflanzenarten sind nun die einzigen, welche bemerkt zu werden verdienen. Der Abt Perneti erwähnt in seiner Reise nach den Falklandsinseln einiger derselben nebst verschiedenen andern, als diesen Inseln eigenthümlich angehörend. Es ist nicht unwahrscheinlich, daß ein erfahrener Botanist und Naturforscher in diesem Theile der Straße größere Schätze zur Vermehrung des bereits bestehenden Pflanzen-Catalogs aufgefunden haben würde; jedenfalls aber wird dieser Landstrich immer als einer der unfruchtbarsten und für die Erzeugung der Nothwendigkeiten des Lebens untauglichsten, wenigstens was das Pflanzenreich anbelangt, dastehen. Wäre dieses ebene Land zum Wachsthum von Bäumen geeignet, so würden wir, nach vernünftigen Gründen zu schließen, deren gewiß gesehen haben, weil die heftigen Westwinde, aller Wahrscheinlichkeit nach, bei unzähligen Gelegenheiten den Saamen derjenigen Baumarten, mit welchem der gebirgige Landstrich im Westen fast ganz bedeckt ist, hieher getrieben und zerstreut haben würden. Diese Vermuthung wird noch durch die vielen unnützen Versuche unterstützt, welche von den Engländern sowohl, als von den Franzosen früher gemacht worden sind, um Bäume, welche sie mit aller möglichen Sorgfalt von der nahen Magellansstraße nach den Falklandsinseln transportirten, auf den Boden der dortigen respectiven Niederlassungen zu verpflanzen.

Als wir (die Spanier) im Jahre 1764 zum Besitz dieser Inseln gelangten, ließen wir uns zu diesem Zwecke ebenfalls selbst die größten Anstrengungen nicht verdrießen, indem wir nicht allein junge Stauden, sondern sogar die Erde von Buenos Ayres dahin schafften. Auch gelang es uns, sie wurzeln und aufschließen zu sehen, ohne daß sie jedoch irgend einen Grad von Vollkommenheit erreichten. Selbst um nur einige Kohl- und andere Gemüsenarten zum Aufblühen, wenn auch nicht zur völligen Reife, welche man hier vergebens zu erlangen strebt, zu bringen, ist es nöthig, daß man den Saamen unter dem Schutze einer Anhöhe säe, und das besäete Stück Land mit einer dichten Befriedigung umgebe, um es gegen die Winde in Sicherheit zu stellen. Dieselben Vorsichtsmaaßregeln wurden auch bei der Baumzucht angewandt, ohne daß man Vortheil aus der so kostspieligen Arbeit hätte hervorgehen sehen. Dieß Alles beweißt wohl zur Genüge die Gleichartigkeit des Bodens auf diesen Inseln mit dem des vorbeschriebenen Landstrichs au der Mündung der Straße.

Wir gehen nun zu der Thierwelt in diesem Landstri̊che über, und müssen vor Allem bemerken, daß es höchst auffallend ist, daß wir von Hornvieh, welches über den angrenzenden Bezirk von Buenos Ayres so überaus zahlreich verbreitet ist, hier nirgends die mindeste Spur gesehen, noch die geringste Nachricht darüber von den Eingebornen gehört haben. Wahrscheinlich haben diese nützlichen Thiere in den breiten Strömen und hohen Bergen unübersteigliche Hindernisse gefunden, um zu diesem südlichen Ende von Südamerica zu gelangen.

Das erste Thier, welches uns zu Gesicht kam, war das Guanaco oder Llama, von welchem wir eine umständliche Beschreibung liefern würden, wenn deren nicht schon in allen naturgeschichtlichen Abhandlungen enthalten wären. Wir werden uns daher hier nur auf einige Bemerkungen über die Eigenheiten der in der Nähe der Straße lebenden Thiere beschränken.

Der berühmte Naturforscher Buffon ist der Meinung, daß das Llama sich nur in den kältesten Gegenden des Anden-Gebirges aufhalte; diese Behauptung stimmt indeß durchaus nicht überein mit dem, was Don A. de Ullva in dem Berichte seiner Reise nach Peru über dieses Thier bemerkt, noch auch mit der großen Anzahl derselben, welche man längs der Patagonischen Küste in dem ebenen Theile des an der Magellansstraße angrenzenden Landes antrifft, wo sie die Hauptnahrung und den Reichthum der Einwohner ausmachen. Bei allen Gelegenheiten, da wir mit Patagoniern zusammen kamen, waren Llamas immer das Einzige, was sie uns anboten, so daß ihr Reichthum an diesen Thieren unsere höchste Verwunderung erregte. So viele wir aber auch deren an der Küste herumlaufen sahen, gelang es uns doch nie, irgend eines zu schießen.

Man wird sich übrigens nicht wundern, wie diese Thiere in einem so wasserarmen Lande leben können, wenn man weiß, daß sie sowohl im Fressen als im Saufen sehr mäßig sind, und ihren Durst oft bloß dadurch löschen, daß sie mit ihrem Speichel, womit sie aber auch in größerem Maaße als irgend ein anderes Thier versehen sind, sich das Maul nässen.

Das Llama ist zu mehreren Malen nach Spanien gebracht worden, hat sich dort aber nie fortgepflanzt, und auch immer nur eine ganz kurze Zeit gelebt, ein Beweis, daß dieses Thier kein anderes Klima verträgt, als das, in welchem es einheimisch ist.

Die Ebenen wimmeln nicht weniger von Zorillos (von den Eingeborenen Izqurepatly genannt), deren Fell für das Auge und das Gefühl eben so angenehm, als der Gestank ihres Urins pestilenzialisch ist. Man hat daher viele Sorgfalt anzuwenden, um die Felle von diesem höchst widrigen Anhängsel zu befreien, indem dieses sie völlig unbrauchbar machen würde. Selbst nachdem sie gehörig zubereitet worden sind, müssen sie ja stets vollkommen trokken gehalten werden, da sie bei der geringsten Berührung mit Wasser wieder ihren abscheulichen Gestank annehmen.

Alle Naturforscher kommen darin überein, daß das Zorillo nur in der neuen Welt angetroffen wird. Buffon hat sehr richtig zwischen den Zorillos, welche in den südlichen Theilen von America, und denen, welche in den Districten von Carthagena und an dem Flusse Orinoco (nicht Oronoco) zu Hause sind, einen Unterschied bemerkt, sowohl in der Gestalt und in der Farbe, als auch hinsichtlich des Gestanks ihres Urins, der von den letzteren noch schrecklicher auf die Nase wirkt, als der des Magellanschen Zorillo.

Wir haben, was die Pferde, von welchen die Patagonier so starken Gebrauch machen, anbelangt, nur wenig zu bemerken, da man wohl bereits wissen wird, daß die Ureinwohner von America mit diesem edlen Thiere und seiner Nützlichkeit in den verschiedenen Verhältnissen des menschlichen Lebens völlig unbekannt waren, bis Europäer sie zuerst nach diesem neuen Welttheile, dessen Eroberung sie diesen Thieren zum Theil mit zu verdanken hatten, verpflanzten.

Aus der vollkommenen Aehnlichkeit der Pferde geht unwidersprechlich hervor, daß die Patagonier die ihrigen von den weiten Ebenen oder Pampas von Buenos-Ayres, wo diese Thiere sich bis zu einem über allen Begriff und Glauben steigenden Grade vermehrt, gezogen haben.

Die Hunde sind hier so getreue Gefährten der Eingebornen, daß man diese selten ohne ein ungeheueres Gefolge von diesen Thieren sieht. Ihre Race gleicht der, welche man in Buenos-Ayres Cimarrones nennt; auch stammt sie wahrscheinlich aus diesem Lande, wohin sie ebenfalls zuerst aus Europa gebracht wurde; denn es ist außer allem Zweifel, was so oft in den Reisebeschreibungen von America erzählt worden ist, und was auch Cook in dem Berichte seiner ersten Reise nach der Südsee bestätigt hat, daß nämlich die in America einheimischen Thiere vom Hundegeschlechte nie bellen, dagegen diejenigen, welche die Patagonier bei sich hatten, unwiderlegbare Beweise ablegten, daß sie von Vorfahren aus der alten Welt abstammten.

Da es in den Niederungen an der Straße völlig an Bäumen fehlt, so läßt es sich auch leicht erklären, warum so wenige Vögel hier hausen. Indem wir das Wassergeflügel, welches beiden Theilen der Straße gemein ist, hier ganz mit Stillschweigen übergehen, bemerken wir, daß wir bloß einige von der diesem Welttheile eigenthümlichen großen Vogelart zu Gesicht bekamen, welche ihrer oberflächlichen Aehnlichkeit mit dem Strauße wegen, denselben Namen führt, die sich aber bei genauer Beobachtung wesentlich von diesem Vogel unterscheidet. Daher haben denn verschiedene Spanische Naturforscher, wie auch Buffon, dieser Vogelart den Namen Tuyn, unter welchen sie bei den Bewohnern des Districts, in welchem man sie zuerst sah, bekannt ist, beigelegt. Man darf daher den Tuyn, welcher bloß in America einheimisch ist, ja nicht mit dem Strauße, der in Africa zu Hause gehört, verwechseln.

Wir sahen auch einige Raubvögel, unter andern eine kleine Adlerart, welche von den Naturforschern Kleinadler oder Graufalke genannt wird, und auch auf den Falklands-Inseln sehr gewöhnlich ist.

Von Fischen blieben unsere Netze stets leer, daher die Gewässer dieser Gegend wohl nicht reichlich damit versehen seyn mögen. Auch schienen die Küsten hier an Schaalthieren arm zu seyn.

Wir kommen nunmehr zu dem gebirgigen Theile der Magellansstraße, von dessen Temperatur bereits früher die Rede gewesen ist. In den engen Thälern am Fuße der Berge sieht man eine Menge kleiner runder Haufen, welche durch eine Pflanze, von den Botanisten Sedum minimum genannt, gebildet werden, deren runde Blätter so dicht zusammen und in einander verflochten sind, daß jede Pflanze sich zu einer Art von Kissen gestaltet, welches ungemein gleich und eben ist, und dessen Inneres aus nichts als den Wurzeln der Pflanze besteht, die, je weiter sie im Wachsthum zunehmen, den Blätterhaufen erhöhen, bis er zuletzt die Form eines großen runden Laibbrodts erhält. Diese Haufen sind ein bis zwei Fuß hoch, und eben so viel im Durchmesser. Sind sie in ihrer völligen Kraftfülle, so können sie die Last eines Mannes tragen, dagegen sie, wenn sie anfangen zu verwelken, sich leicht unter dem Fußtritt eines Menschen beugen. Befinden sie sich in ihrem mittlern Zustande, d. h. sind sie weder so grün mehr, um noch alle ihre widerstrebende Kraft zu besitzen, noch schon so weit im Verwelken fortgeschritten, daß die Wurzeln bereits verfault sind, so erhebt sich und fällt abwechselnd ihre Oberfläche, wenn jemand auf ihr steht, mit einer Art von Elasticität oder zitternden Bewegung, welche sowohl durch die in diesem Haufen zurückgebliebene Kraft; als auch durch das am Boden zwischen den Wurzeln emporsprießende Moos hervorgebracht wird.

Die Oberfläche, auf welcher sich diese Pflanzenhaufen erheben, ist übrigens nicht der wirkliche feste Erdboden, sondern besteht aus den Ueberbleibseln anderer durch die Nässe verfaulter Haufen derselben Art, so daß der eigentliche Boden vier, fünf bis sechs Fuß weiter unten liegt. Dieser Umstand muß nun jeden Versuch zur Urbarmachung dieses Bodens, der wahrscheinlich schon von seinem ersten Entstehen an so gewesen ist, wenn auch nicht ganz fruchtlos, doch ungemein schwierig machen. Der eigentliche Boden besteht aus einer Art leichten Lehm von dunkler Farbe, mit kleinen Steinchen und etwas feinem Sand vermischt, so daß er also, ohne die erwähnte Ueberlage zum Anbau nicht ungeeignet zu seyn scheint, wie sich auch aus dem Ueberflusse und dem üppigen Wachsthum aller Pflanzen, welche er in seinem jetzigen Zustande erzeugt, mit Grund schließen läßt.

Die ebenbeschriebene Pflanze bedeckt fast die ganze Erdoberfläche des fraglichen Bezirks. Wir haben es für rathsamer gehalten, die vorstehenden genauen Nachrichten darüber zu ertheilen, als die Zeit unnütz mit der Aufsuchung eines für sie passenden Namens, oder einer richtigen Zusammenstellung derselben mit irgend einem andern bekannten Gewächse hinzubringen, überzeugt, daß es kundigen Botanisten nach unserer Bezeichnung nicht schwer fallen wird, sie gehörig zu unterscheiden und zu classificiren.

Ebenfalls im Ueberflusse wächst hier eine Pflanze, welche beinah sechs Fuß hoch, und von der Wurzel an sehr dicht mit hellgrünen, in Kreuzesform arrangirten Blättern besetzt ist; die Blumen sind weiß und von angenehmen Aeußerem, mit ganz kleinen, straußartig zusammen gruppirten Blättern. Die Eingeborenen essen dieses Gewächs als einen ausgezeichneten Leckerbissen. Wir waren nicht so glücklich, uns von demselben etwas Saamen, welcher aus einigen, in der Blume befindlichen viereckigen langen Körnern besteht, zur gehörigen Zeit zu verschaffen. Der Geschmack dieser Pflanze ist etwas herbe mit geringer Süße.

Auch wird eine andere Pflanze hier häufig gefunden, deren Blätter denen des Weinstocks in Form und Farbe, an Größe aber denen des Epheus gleich kommen. Ihre größte Höhe beträgt nicht völlig neun Fuß. Im Sommer treibt sie eine Frucht, bestehend aus traubenförmig gewachsenen Beeren, welche wie eine Erbse groß, sehr schwarz und süß sind. Unsere Leute ließen sich diese Beeren trefflich schmecken, ohne nachher das mindeste Unbehagen darnach zu spüren. Es ist dieses Gewächs die sogenannte Uva ursae, da es die Form und sonstige Eigenschaften mit andern bekannten derselben Art gemein hat.

Man findet hier noch eine andere Art desselben Gewächses von gelblicher Farbe und mit kleineren Blättern, wie bei der vorigen; ihre Zweige tragen eine Frucht, welche an Geschmack und Farbe völlig gleich, an Form aber verschieden von der eben erwähnten Art ist.

Zwischen allen diesen Gewächsen sieht man dicht an dem Boden kleine Pflänzchen mit einer Blume, welche selbst bei dem schönen Geschlechte in Europa für artig gelten würde. Diese schöngezeichnete, rosenfarbige Blume wächst auf einer Art kleiner Myrte. Ein anderes Pflänzchen mit myrtenähnlichen Blättern, treibt eine Menge weißer Blumen von köstlichem Geruch, so wie eine röthliche runde Frucht mit einem Steine, wie bei der Pflaume. Außer diesen giebt es noch drei Arten desselben Gewächses. Ihre Früchte schmecken durchaus nicht angenehm, sondern trocken und fade; die Blätter dagegen haben einen herben zusammenziehenden Geschmack, und scheinen mehr Heilkraft als die Frucht zu enthalten.

Nahe an den Bächen sahen wir auch sehr häufig und reichlich ein Gewächs, welches in den Blättern viele Aehnlichkeit mit der Melone hat; die Blätter von gewöhnlichem Grün und sehr bittern Geschmack schießen jedes an einem besondern röthlichen Stengel aus der Erde hervor. Auch in dem Gebirge von la Cruz trafen wir dieselbe Pflanze an, welche in ihrem Kelche eine kleine scharlachrothe Beere hat; ihre Wurzel ist lang aber nicht dick. Wir nannten dieses Gewächs nach seinen Eigenschaften Malva Magellanica.

In einem der vielen Sümpfe dieses Landstrichs sahen wir eine große Menge Farnkraut, dem in Spanien wachsenden, ähnlich, so wie an anderen Orten eine Gattung Frauenhaar (Adianthum L.), aber sehr verschieden von dem, was man sonst in nassem Boden findet.

Auch wachsen längs dem Strande noch verschiedene andere Pflanzenarten, deren Höhe nicht über zwei Fuß beträgt, mit Blättern von der Größe deren an weißen Rüben.

Unten an den Baumstämmen und neben den Wassercanälen sieht man auch häufig eine Art Wicke oder Knöterich (Polygonum bistorta L.); die Blätter dieser Pflanze sind so klein wie Linsenblätter, und ihre sehr dicken Stengel von trocknem faden Geschmack.

Auch fanden wir längs der Seeküste ein Gewächs mit sehr feinen zarten Blättern, wie an den Weiden, von hellgrüner Farbe; die scharlachrothen, schöngeformten Blätter enthalten in der Mitte drei kleine blaue Blätterchen, welche den Kelch umschließen, so daß das Ganze einen wunderlieblichen Anblick gewährt. Der Saame liegt in einer kleinen Schaale, gleich einem Kerne, aber dünner und runder. Der Stamm ist sehr gekrümmt und in der Regel mit einer Moosdecke überzogen; das Holz ist übrigens weder fest, noch schwer.

Am Strande wächst viele wilde oder Macedonische Petersilie von ziemlich angenehmen Geschmack. Der antiscorbutischen Eigenschaften dieser Pflanze wegen machten wir auf dem Schiffe starken Gebrauch davon, die Schiffsmannschaft aß sie mit großem Nutzen, sowohl in der Suppe als auch als Salat.

Im Innern der Waldungen trafen wir einige Anispflanzen, waren aber, obgleich wir sie gerade in dem Zustande ihrer völligen Reife fanden, doch nicht so glücklich, uns einigen Saamen davon zu verschaffen.

Ein großer Theil dieser Waldungen ist mit einem Gesträuch überwachsen, welches sehr viele Aehnlichkeit mit unserm Rosmarin hat, aber doch verschiedener Art ist; seine Höhe ist ungleich, doch nie über sechs Fuß. Es hat hellgrüne Blätter, die auf der obern Seite weißlich, und in der Mitte etwas flaumig, übrigens einen Zoll lang, und nicht über einen Viertelzoll breit sind. Die oberen Zweige tragen weißliche Blumen von sehr schwachem Geruch; der Geschmack ist bitter und etwas fade. Zu Asche verbrannt, giebt das Holz dieses Gesträuchs einen sehr lieblichen Geruch von sich.

Die Myrte ist dasjenige Gewächs, welches die Frucht erzeugt, die wohl von keinem Reisenden, welcher diese Straße passirt ist, wegen ihres säuerlich-süßen Geschmacks und ihrer angenehm kühlenden Eigenschaft ungenossen geblieben ist. Es giebt von dieser Frucht mehrere Arten, indem einige rund, andere länglicht, und wieder andere herzförmig sind. Auch in der Farbe unterscheiden sie sich von einander, indem einige schwarz, andere roth, rosenfarbig oder ganz weiß sind; letztere Art ist die süßeste. Man findet dieses Gewächs, von Sarmiento Montina genannt, von verschiedener Größe, nämlich von einem Fuß bis zu sechs Fuß hoch. Die Blätter sind nur klein, aber lang und scharf gespitzt, so daß man sich beim Pflücken der Frucht sehr in Acht nehmen muß, um nicht in die Hand gestochen zu werden. Die Farbe dieser Blätter ist dunkelgrün, der Geschmack fade und säuerlich. Die Frucht dieses Gewächses dient den Indianern als Nahrungsmittel; auch unsere Leute aßen reichlich davon.

Obgleich uns nun außer den obigen Pflanzenarten, keine weiter zu Gesicht gekommen sind, so würde es doch höchst voreilig seyn, zu behaupten, daß die Gegenden an der Magellansstraße nicht noch mehrere hervorbrächten, da es sich im Gegentheil als ganz natürlich annehmen läßt, daß es besonders in dem gebirgigen Theile, von welchem wir nur wenig gesehen haben, noch andere geben dürfte. Wir befanden uns übrigens in diesen Gegenden gerade zu einer sehr passenden Zeit, da wir fast alle Gesträuche und sonstige Pflanzen in Blüthe und in ihrer völligen Kraftfülle fanden, wodurch wir in den Stand gesetzt wurden, die obigen genauen Data darüber zu ertheilen.

Von Blumen sahen wir in den ungeheueren Waldungen, welche fast die ganze Oberfläche des gebirgigen Theils der Straße bedecken, drei Arten. Die erste, welche die

am wenigsten schätzbarste ist, hat einige Aehnlichkeit mit
der in den nördlichen Theilen der Welt wachsenden Buche,
unterscheidet sich aber auch in mancher Hinsicht wieder sehr
wesentlich von diesem Baume. Daher hat denn auch der
berühmte Sir Joseph Banks *), welcher den Capitän
Cook auf seiner ersten Reise begleitete, dieser Baumart
den Namen fagus antarcticus ertheilt, mit der Bemer=
kung, daß sie diesem Landstriche eigenthümlich angehöre.
Die Höhe dieses Baums ist außerordentlich; indeß fanden
wir bei mehreren, welche wir fällten, das Innere schadhaft,
so daß es also zum Bauen untauglich ist. Ueberhaupt be=
sitzen auch die Fasern dieser Bäume keinesweges die Stärke,
welche man, ihrer Größe nach, erwarten darf.

Die zweite Baumart, welche man hier in noch größe=
rem Ueberflusse findet, wird von Naturforschern Betula
antarctica genannt, obgleich sie mit der Birke nicht die
mindeste Aehnlichkeit hat. Man trifft diese Bäume hier
von allen Größen, einige so dickstämmig und gerade ge=
wachsen, daß sie sehr gute Masten abgeben würden, wenn
nicht das Holz gar zu schwer wäre; dieses ist weißfarbig
und hat die Eigenschaft, daß es nur von oben nach unten
gespalten werden kann. Wenn die darin enthaltene Feuch=
tigkeit ausgetrocknet ist, dürfte es sich sehr gut zu Zim=
mermanns= oder Tischler=Arbeit eignen. Die Blätter an
den Zweigen bilden Büschel von verschiedener Größe; sie
sind dunkelgrün, und von der Größe eines Daumennagels,
aber oval und in einer nicht sehr scharfen Spitze auslau=
fend, auch ringsum gezackt. Die Frucht ist einer großen
Erbse ähnlich, und mit einem aromatischen Harze oder
Gummi bedeckt, welches, mit den Fingern gerieben, einen

---

*) Dieser gelehrte Mäcen, dem die Geographie und die Na=
turgeschichte so Vieles zu verdanken hat, ist leider vor kurzem
mit Tode abgegangen.

höchst erquickenden Geruch von sich giebt. Dieses Harz bringt aus der inneren Substanz des Baumes zwischen die Haut der Frucht, und setzt sich am Ende durch die Kälte gehärtet, einem kleinen Knollen gleich, auf die Frucht. Wir nahmen mehrere dieser harzigen Früchte mit an Bord, um zu untersuchen, ob nicht einiger Nutzen aus ihnen gezogen werden könnte. Dem Geruche nach gleichen sie dem Gummi Copal.

Der Saame dieses Baums ist klein, schwarz und rund, von der Größe einer Erbse, und enthält in der Mitte ein schwarzes Pulver, welches zu seiner, übrigens bedeutenden, Fortpflanzung und Fruchtbarkeit unumgänglich nothwendig ist.

Die Rinde dieser Bäume ist ganz im Verhältnisse zu deren Größe; wir sahen deren von einigen Stämmen, welche nicht weniger als fünf und dreißig Fuß im Umfange hatte. Sie läßt sich leicht ablösen, und dient den Indianern zum Bau ihrer Canots.

Die dritte und schätzbarste Baumart, die auch nicht die am wenigsten gewöhnliche in diesem Theile der Straße ist, ist diejenige, welche von dem Capitán Winter in den südlichen und westlichen Gegenden des Feuerlandes zuerst entdeckt, und nach diesem Seefahrer benannt worden ist; verschiedene Botanisten nennen sie Laurus nobilis, und die Rinde Winter's-Rinde. Man findet diese Bäume hier von allen Größen. Die Blätter gleichen völlig denen des Lorbeerbaums, sind etwa fünf Zoll lang, und anderthalb Zoll in ihrer größten Breite; von Farbe sind sie dunkelgrün. Sowohl die Blätter, als die Rinde geben, wenn sie durchbrochen oder mit der Hand gerieben werden, einen höchst aromatischen Geruch von sich. Die Rinde hat ebenfalls einen scharfen beißenden, dem Piment ähnlichen und dabei süßlichen Geschmack, welcher noch lange, nachdem man daran gekaut hat, im Munde zurückbleibt.

Die Dicke der Rinde richtet sich ebenfalls nach der Größe des Baums, so daß wir einige über einen Zoll dicke Stücke fanden. Diese Rinde besteht aus zwei dicht verbundenen Theilen, wovon der äußere aschfarbig, und der innere, wenn frisch abgelös't, mattweiß ist, sich aber bald ins Röthliche verändert, und zuletzt eine Chocoladen = Farbe annimmt. Der Saame dieses Baums gleicht dem Pfeffer, und liegt in vier bis fünf Körnern zusammen; diese sind schwarz, länglicht und halbcirkelförmig; der Geschmack und Geruch derselben ist wie bei der Rinde, nur beißender.

Wir nahmen einige junge Bäume dieser Art in dem Boden, worin wir sie fanden, mit; aber trotz aller angewandten Fürsorge sahen wir sie, so wie wir in der Nähe des Aequators kamen, vertrocknen, so daß wir wohl in unserer Hoffnung, diesen kostbaren Baum auf Spanischen Boden zu verpflanzen, getäuscht werden dürften, es sey denn, daß der mitgenommene Saame dort nach Wunsch aufgehen würde.

Die Eigenschaften dieser Rinde ergeben, daß sie ein magenstärkendes, antiscorbutisches Mittel in sich vereinigte. Wir bedienten uns derselben als Pfeffer in der Suppe, die davon nicht allein einen angenehmen Geschmack erhielt, sondern dadurch auch stärkender wurde. Das Wasser, welches gewöhnlich durch die Wurzeln dieser Bäume zum Vorschein kommt, fanden wir mit einer die Verdauung befördernden, laxirenden Wirkung begabt. Man hat sich daher in kalten Gegenden oder im Winter in dem Gebrauch dieser Rinde sehr vorzusehen; und selbst im Sommer oder in warmen Gegenden kann sie wegen ihres starken Reizes bei übler Anwendung sehr schädlich werden.

An feuchten moorigen Stellen fanden wir eine Art Gesträuch oder kleiner Bäume, der Cypresse ähnlich, und von ungemein geradem glattem Wuchse; ihre Zweige fangen gleich vom Boden an, ihre größte Höhe beträgt zwölf bis funfzehn Fuß, die Dicke des Stammes nicht über zehn bis zwölf Zoll. Die Blätter sind ebenfalls wie bei der Cypresse, auch von derselben Farbe, und unterscheiden sich von ihnen nur durch ihre viereckige Form. Sie trägt eine kleine schwarze Frucht, welche zu der Zeit, als wir sie sahen, trocken und hohl war, und ein saamenähnliches Pulver enthielt. Der Geschmack der Blätter übertrifft in der Bitterkeit noch den des Ginsters.

In den Waldungen bemerkten wir eine Art Palmbäume, deren Stamm etwa drei Fuß in der Höhe und zwanzig Zoll in der Dicke hält. Die Zweige gehen sämmtlich oben vom Gipfel aus, und stehen sich, wie bei den Dattelbäumen, einander entgegen, ohne sich jedoch in Gruppen zu formiren. Sie sind nicht über drei Fuß lang und haben hellgrüne Blätter, die wie beim Farnkraut mit einander zusammenhängen und einen unangenehmen Geschmack haben. Wir fanden keine Frucht an diesem Bäumchen, welches in der Nähe von Flüssen oder Bächen im Ueberflusse wächst, und seiner generellen Aehnlichkeit wegen, als zum Palmengeschlecht gehörend, betrachtet werden muß.

Der hier ebenfalls wachsende Amarillo oder Stachelbaum erreicht eine Höhe von sechs bis neun Fuß; seine Blätter und Zweige sind dicht mit Dornen besetzt, und von Außen dunkelgrün, inwendig aber, wie es auch bei dem Stamme der Fall ist, dunkelgelb. Er trägt eine Frucht, welche, wenn reif, der Maulbeere gleicht, und einen schwachen säuerlichen Geschmack an sich hat, der aber bei unreifen Früchten schärfer, und übrigens bei solchen von gleicher Wirkung ist.

Die einzigen vierfüßigen Thiere, welche uns in diesem gebirgigen Districte zu Gesicht kamen, waren Hunde, und zwar von derselben Race, wie bei den Patagoniern, von welchen die Eingebornen sie höchst wahrscheinlich erhalten haben. Auch sahen wir eine Art Rothwild, aber nur von weitem, daher wir nichts Bestimmtes darüber mittheilen können.

Sarmiento bemerkt in seinem Reiseberichte, daß er in der Nähe der Straße auch Spuren von Tigern gesehen habe. Wir können nun hierüber nichts weiter sagen, als daß wir diese Erfahrung nicht gemacht haben, und daß uns übrigens das Klima für Thiere dieser Art durchaus nicht geeignet zu seyn scheint.

Bei weitem zahlreicher ist das Vogelgeschlecht, welches die Wälder dieser Gegenden bevölkert. Die Kürze der Zeit und die wenigen Gelegenheiten, die sich uns zum Schießen oder Jagen darboten, so wie die Schwierigkeit, die Namen von jeder Vogelart zu bestimmen, nöthigte uns, unsere Bemerkungen bloß auf diejenigen Vögel zu beschränken, die sich am häufigsten unsern Augen darstellten.

Es ist eine allgemein angenommene Meinung, daß kalte Gegenden nicht sehr reich an Vögeln seyen, und daß auch die wenigen sich darin aufhaltenden Arten sich weder in ihrer Form, noch in der Mannigfaltigkeit und Schönheit ihres Gefieders mit denen der heißen Zone messen können. Dem sey nun aber wie ihm wolle, so können wir versichern, daß wir in diesem Theile der Straße eine Art grüner Raben von Taubengröße, nebst einigen scharlachrothen Vögeln, denen von Chili ähnlich, zu Gesicht bekamen, die in der That von bewunderungswürdiger Schönheit waren.

Noch schöner fanden wir indeß einen kleinen Vogel, ungefähr von der Größe eines Sperlings, mit pechschwarzen Federn, einem über die ganze Länge des Rückens laufenden schmalen Goldstreifen, und einem gelben Schnabel.

Dieser Farben=Contrast bildete ein Ganzes von wunderschönem Ansehen.

Die Aelster ist ebenfalls eine hiesige Vogelart, und unterscheidet sich wenig von der Spanischen.

Schnepfen oder Waldhühner (Becasinus) sind sehr gewöhnlich, und von derselben Art, wie auf den Falklandsinseln; das Fleisch derselben ist vortrefflich.

Wir sahen auch sehr häufig eine Vogelart, unseren Amseln (Mulus) ähnlich, aber ohne Zweifel von einer verschiedenen Gattung.

Was aber am meisten unsere Verwunderung erregte, war, daß wir sogar auf den mit Schnee bedeckten Bergen einige kleine Vögel erblickten, welche wir, wegen ihrer Aehnlichkeit mit unseren Schwalben, Magellanische Schwalben nannten. Wahrscheinlich sind diese Vögel, trotz allem Anscheine, nicht von derselben Art, welche im Herbste aus Europa in wärmere Gegenden zieht.

Der Gesang und die Stimme dieser Vögel, so wie all' der anderen unbeschriebenen Arten haben durchaus nichts Angenehmes, so daß unsere Ohren dadurch eben nicht ergötzt wurden.

Einige Indianer brachten dem Commandeur unserer Fregatte als Geschenk den ausgetrockneten Leichnam eines kleinen Colibris, der noch beinahe alle seine Federn hatte, und in jedem Betracht seinen in den heißesten Klimas wohnenden Namensbrüdern ähnlich war. Es ist schwer zu erklären, ob diese Vogelclasse in einem dem Anscheine nach, ihrer Natur so widerstreitenden Klima leben könne, denn da wir nur den einzigen und noch dazu todten Vogel dieser Art hier sahen, so läßt sich nicht bestimmen, ob er durch irgend einen Zufall nach diesem Theile von America hingekommen, oder ob das Klima von 52° S. B. seiner

Natur doch vielleicht nicht so zuwider ist, als man bisher geglaubt hat.

Auch an Raubvögeln fehlt es hier nicht, welche von dem Fleische der schwächern Luftbewohner leben. Wir waren indeß nicht im Stande, uns über sie genaue Nachrichten zu verschaffen.

Bei weitem zahlreicher und dabei von großem Nutzen für die Eingebornen sind die Wasservögel. Sowohl gewöhnliche als königliche Gänse sind hier in großem Ueberfluß, und von vorzüglichem Geschmack.

Eine andere nicht weniger gewöhnliche Art Wasservögel hält sich in den Baien der Straße und in der Nähe kleiner Ströme auf; ihr Fleisch riecht etwas nach Schaalthieren, ist aber doch ein erträgliches Nahrungsmittel. Sie sind kleiner, wie die Gänse, ihre Federn schwarz und weiß, ihr Schnabel lang und scharlachroth. Man sieht sie immer paarweise beisammen; wenn verfolgt, stoßen sie einen sonderbaren pfeifenden Ton aus.

Man findet hier noch eine andere Art von Gänsen in ungeheurer Menge, welche von unsern Matrosen wegen ihres widrig schmeckenden Fleisches Bastarde genannt würden. Sie haben ein schwarzes und weißes Gefieder, einen langen Hals, einen Kopf von mittler Größe, einen gelben Schnabel, und einen sehr kurzen Schwanz, sie fliegen nicht sehr schnell und gewöhnlich in großen Schwärmen.

Von den sogenannten Beinbrechern giebt es in der Straße sehr viele, und darunter einige von ungewöhnlicher Größe.

Seemöven sieht man hier ebenfalls in ungeheurer Menge und von sehr mannigfaltiger Art. Die schönste Art ist nicht größer, als eine Turteltaube; ihr Kopf ist schwarz, der ganze Leib aber so wie die Flügel sind blendend weiß, mit einigen schmalen schwarzen Streifen; Diamanten und Rubinen stehen weit zurück gegen den Glanz ihrer Augen, um deren Augäpfel ein carminrother Kreis gezeichnet ist, der besonders viel zu der Schönheit dieses Thieres beiträgt.

Die Pinquine fliegen nie, dagegen ist ihr Lauf auf der Oberfläche des Wassers, wobei sie sich ihrer Flügel statt der Ruder bedienen, so außerordentlich schnell, daß sie hinter sich im Wasser eine Spur zurücklassen, wie die eines segelnden Schiffs; es hält daher äußerst schwer, sie auf diese Weise zu fangen; wenn sie aber am Ufer sind, entwischen sie selten. Der Herr Abbé Perneti hat sich in seinem mit vielem Scharfsinne geschriebenen Werke über die Falklandsinseln, über alle diese Vögel mit großer Ausführlichkeit ausgelassen.

Wir trafen überall in der Straße weder auf giftige Thiere, noch auf beschwerliche Insecten, worin wir mit allen früheren Reisenden in diesem Theile der Erdkugel übereinstimmen. Zwar halten sich in den Waldungen einige Moskiten auf; diese schmerzen aber weder durch ihren Stich noch belästigen durch Geräusch; überdieß wagen sie sich, wahrscheinlich wegen der Strenge der Luft, nicht aus dem Schutze der Bäume heraus. Auch sieht man hin und wieder Schmetterlinge und Felsspinnen, so wie eine Menge von Roßkäfern, die von denen in Spanien wenig verschieden sind.

Ueber Fische haben wir nur wenig zu sagen, da diese gegen unsere Erwartungen, in der Straße höchst sparsam, und auch nur in der Nähe von Flüssen angetroffen werden, die aber für ihre Seltenheit durch ihren vortrefflichen Geschmack einigermaaßen entschädigen. Weder mit dem Netze noch mit der Angel fingen wir mehr als vier Arten, wovon die eine von dem Barbengeschlecht in verschiedenen Größen, aber nicht über sechs bis acht Pfund schwer, vorkommt. Auf den Falklandsinseln führt dieser Fisch den Namen Bacalao; derselbe steht, wenn gesalzen, dem von Newfoundland im Geschmack nicht nach. Eine andere, weniger gewöhnliche Art ist der Espercuro. Die dritte Art ist sehr klein, von einer röthlichen gallertartigen Qualität und einem uns unbekannten Geschlecht; die vierte endlich ist der sogenannte Bexe Tey (Königsfisch), von welchen einige etwa ein halbes Pfund wiegen; dieser Fisch führt seinen Namen mit Recht, wenn auch nicht wegen seiner äußeren Form, doch wegen seines köstlichen Fleisches, welches gebraten, ein wahrer Leckerbissen ist.

Wir bekamen auch mehrere Wallfische, Meerschweine und Seewölfe oder Seelöwen zu Gesicht, halten es indeß für überflüssig, über diese schon hinlänglich bekannten Thiere, die übrigens mit denen, welche sich häufig in den Gewässern und an den Küsten des südlichen Americas blicken lassen, von gleicher Art sind, noch irgend etwas zu bemerken.

Was den hiesigen Gewässern übrigens an Fischen abgeht, ersetzen die Küsten reichlich durch ihren Ueberfluß an den vortrefflichsten Schaalthieren. Die Megillones (eine Muschelart), Tellermuscheln, Spouts Venusmuscheln und Seeigel machen die Hauptnahrung der Indianer aus, nicht aber der Patagonier, welche zu ihrem Lebensunterhalte nichts aus der See ziehen. Auch für unsere Schiffsmannschaft gaben sie während unsers Aufenthalts in der Straße die täglichen Gerichte ab. Die Megillones besonders, welche man zuweilen fünf bis sechs Zoll groß findet, geben in Hinsicht des Geschmacks den schönsten Austern nichts nach; daher haben auch Naturforscher ihnen zur Unterscheidung von andern Arten den Namen Magellan'sche Muscheln zugetheilt. In mehreren von ihnen fanden wir Perlen, die, der allgemeinen Meinung nach, ihr Entstehen einer Krankheit verdanken, welcher dieses Schaalthier unterworfen ist. Die Tellermuscheln sind von ungewöhnlicher Größe, und enthalten inwendig ein sehr schönes Perlmutter; übrigens aber sind sie weder so wohlschmeckend, noch so leicht verdaulich, wie die ebenerwähnten Muscheln.

Wir fingen in unsern Netzen häufig eine Menge Santozas (eine Krebsart) und eine Art Krabben von ziemlich gutem Geschmack.

Alle diese Arten von Schaalthieren nähren sich durchgängig von dem Saft einer Seepflanze Cachiyuyo oder Cachiyullo genannt; von den Naturforschern, welche Cook auf seiner ersten Reise nach dem Südmeere begleiteten, erhielt sie, als eine dieser südlichen Hemisphäre eigene Gattung, den Namen fucus giganteus antarcticus. Der Stiel dieser Pflanze reicht bis über der Oberfläche des Wassers, und ist funfzehn bis zwanzig Fuß lang. Cook behauptet zwar, daß es Pflanzen dieser Art von sechzig bis siebenzig Fuß Länge gäbe, uns ist indeß keine dergleichen auf unserer ganzen Fahrt vorgekommen. Die Wurzeln sitzen zwischen den Felsen und Steinen im Meeresgrunde und sind von derselben Farbe, wie die Pflanze selbst, welche ein dunkelgelbes Ansehen, gleich dem verwelkter Blätter, hat. Der Stiel ist etwa von der Dicke eines Fingers und giebt einen schleimigen Saft von sich; von Stelle zu Stelle befinden sich an demselben kleine länglichte, mit Wasser gefüllte Bläschen, aus welchen die etwa zwei bis brittehalb Fuß langen, und nicht über fünf Zoll breiten Blätter hervorspringen. Diese Blätter enden in einer Spitze, und haben daher die Form einer scharf gespitzten Mandel, auf der Oberfläche sind sie mit länglichten Linien, die über der Wurzellinie etwas erhaben stehen, sehr artig gezeichnet. Aus jeder Wurzel erheben sich fünf bis sechs solcher Stiele, die so dicht an einander stehen, daß sie oft einen weiten Raum in der See bedecken, und daß ein Boot sich durch sie nur mit vieler Mühe einen Weg bahnen kann.

Das Daseyn dieser Pflanze deutet immer auf einen felsigten oder steinigten Boden, und es ist den Seefahrern anzurathen, sich wo möglich aus deren Nähe entfernt zu halten, indem das Wasser da, wo es wächst, immer von sehr ungleicher Tiefe ist. An manchen Stellen sieht man eine ungeheuere Menge von diesem Seegewächse, welches durch die Gewalt der Strömungen oder des Windes von der Wurzel abgerissen ist, auf dem Wasser schwimmen, weßhalb auch die Küsten der Straße fast überall damit bedeckt sind.

Zweite Abtheilung.

Ueber die Anwohner der Magellansstraße.

Die außerordentliche Feuchtigkeit und die dadurch bewirkte Ungesundheit des Klimas sind Ursache, daß der Bevölkerungszustand der an der Straße gränzenden Länder so sehr gering ist. Die Einwohner bestehen aus zwei völlig von einander verschiedenen Menschenracen, wovon die eine die Ebenen, die andere die Gebirge bewohnt. Die Anzahl der Letztern ist besonders sehr klein; denn vom Cap Negro bis zum Cap forward trafen wir nicht mehr als einen Stamm, welcher, aus vierzig bis funfzig Menschen bestehend, die Fregatte auf ihrer Fahrt bis zum Cap Redondo längs der Küste folgten. Nicht so leicht läßt sich die Anzahl der übrigen Anwohner der Straße bestimmen, denn obgleich wir von denselben nur etwa siebenzig Individuen sahen, so giebt es deren doch ohne allem Zweifel weit mehr. Das ebene Land am östlichen Ende der Straße ist besser bevölkert. Da nun zwischen diesen beiden Classen von Americanern, wie gesagt, ein auffallender Unterschied obwaltet, so werden wir hier jede besonders abhandeln.

Die Patagonier.

Die Bewohner des ebenen Landes an der östlichen und nördlichen Seite der Straße sind die berüchtigten Pa=

tagonier, welche der in Reisebeschreibungen enthaltenen verschiedenen Ansichten und Nachrichten wegen der gelehrten Welt in Europa so vielen Stoff zu Untersuchungen und Streitigkeiten gegeben, und eine lange Ungewißheit über das Daseyn eines aus lauter Riesen bestehenden Volks aufrecht erhalten haben, indem sie zu Gunsten dieser letzteren Meinung einen höchst überzeugenden Beweis abzugeben schienen.

Als der eben so elegante als scharfsinnige Dr. Robertson seine Geschichte von America schrieb, blieb er ebenfalls wegen der Verschiedenheit der über diesen Gegenstand herrschenden Meinungen völlig unschlüssig, konnte indeß nicht umhin, seine Verwunderung darüber zu äußern, daß, da doch sonst alle Geschöpfe nur unter den gemäßigten Himmelsstrichen, wo alle Lebensbedürfnisse im Ueberflusse vorhanden sind, zu ihrer höchsten Vollkommenheit gelangten, Mutter Natur den Bewohnern der unfruchtbaren Gegend an der Magellansstraße, einer Horde wilder Nomaden, den Vorzug gegönnt haben sollte, den höchsten Rang in der menschlichen Race einzunehmen, indem sie sie durch einen höheren Grad von Leibesgröße und Stärke vor allen andern Menschen auszeichnete.

Ohne uns nun im mindesten in unserem Zwecke zuwiderlaufende Discussionen über die vielbesprochene Größe und Stärke der Menschen vor der Sündfluth, oder darüber, ob die Natur in irgend einem Winkel der Erde einem Geschlechte riesenhafter Menschen das Daseyn gegeben hat, einzulassen, begnügen wir uns hier bloß mit der Erklärung, daß die Patagonier in keinem Betracht den Namen eines Riesenvolks verdienen *)

---

*) Im Original folgen nun auf mehreren Seiten die verschiedenen Angaben der Reisebeschreiber über die Größe der Pata-

Die Patagonier, welche diesen ihren Namen von Magellanes, und nicht, wie der erste Herausgeber von Byron's Reise behauptet hat, von Cavendish erhielten, sind eine Horde nomadischer Wilden, welche den ganzen ungeheueren Landstrich vom Rio de la Plata im 37° S. B. bis zur Magellansstraße in 52° 20' S. B. inne haben. Ihre bleibendsten Stätten befinden sich im Innern des Landes; in der zur Jagd einladenden Jahreszeit aber pflegen sie sich mehr der Straße zu nähern, auf welche Weise denn die verschiedenen Seefahrer mit ihnen zusammengetroffen sind.

Ihre Größe übersteigt im Ganzen genommen die der Europäer. Wir nahmen von einigen das genaue Maaß, aus welchen sich ergab, daß der Größte 7 Fuß 1½ Zoll Spanisches Maaß *) hielt, und daß die gewöhnliche Größe 6½ bis 7 Fuß betrug. Aber selbst diese Größe ist bei weitem nicht so auffallend, als ihre Corpulenz, indem einige von ihnen um die Brust 4 Fuß 4 Zoll maaßen; ihre Hände und Füße dagegen sind durchaus nicht im Verhältniß zu den übrigen Theilen ihres Körpers. Obgleich fleischig, kann man sie doch eigentlich nicht fett nennen. Für

---

gonier, von welchen die eine immer noch absurder wie die andere ist, daher wir unsere Leser mit deren Uebersetzung billig verschonen.

A. d. U.

*) Der allgemeine Spanische Maaßstab ist die Vara von Burgos, welche 33,061,32 Zoll oder 2 Fuß 9$\frac{1}{12}$ Zoll Englisch hält. Die beträchtlichste Größe eines Patagoniers betrug demnach nicht über 6 Fuß 6½ Zoll Englisch, und die gewöhnliche von 5 Fuß 11½ Zoll bis 6 Fuß 5½ Zoll. Man muß übrigens bei dem Obigen in Betracht ziehen, daß die Spanier in der Regel nicht groß sind, und daß ein Seeman selten zu den größten Menschen in seinem Lande gehört, so daß also unsere Spanier die Patagonier sehr wohl für Riesen ansehen konnten.

ihre außerordentliche Körperstärke zeugen, das Hervorstehende und die Biegsamkeit ihrer Muskeln. Im Ganzen genommen macht ihr Aeußeres keinesweges einen unangenehmen Eindruck, obgleich ihr Kopf selbst verhältnißmäßig etwas zu groß ist. Sie haben ein breites und flaches Gesicht, sehr lebhafte Augen und ungemein weiße, aber etwas zu lange Zähne. Ihre Hauptfarbe ist, wie die der Americaner überhaupt, mattgelb (cetrino) welches etwas ins Kupferfarbige übergeht. Ihr dünnes schwarzes Haar tragen sie auf dem Wirbel mit einem Riemen oder einem Bande, welches zugleich ihren Vorderkopf umgiebt, aufgebunden. Wir sahen einige mit Bärten, die aber weder dick noch lang waren.

Ihr Anzug macht ihre Größe noch mehr in die Augen fallend, indem derselbe aus einer Art Mantel besteht, der aus Llama- oder Zorillo-Häuten verfertigt, und inwendig ziemlich kunstfertig mit vielfarbigen Streifen geziert ist. Sie tragen diesen Mantel, der ihnen bis unter die Wade reicht, um den Leib befestigt, und lassen gewöhnlich den Theil, der zur Bedeckung der Schultern dient, herabhängen. Wenn die Strenge der Witterung oder eine sonstige Ursache sie nöthigt, auch die Schultern zu bedecken, halten sie den oberen Theil des Mantels mit den Fingern zusammen. Außer diesem Ueberwurfe sind auch einige mit Ponchones und kurzen Hosen von derselben Art und Form, wie die Creolen in Chili und Buenos-Ayres sie tragen, bekleidet. Der Poncho besteht in einem Stücke starker buntgestreifter Leinwand, welches etwa 3 Yards lang und 2 Yards (3 Ellen) breit ist, und in der Mitte eine Oeffnung hat, groß genug, um den Kopf hindurch zu stecken. Dieses Kleidungsstück ist besonders zum Reiten sehr passend, indem es zur Bedeckung und zum Schutz der Arme dient, denselben aber auch zugleich freie Bewegung läßt. Einige trugen Ponchones aus von den

Colonisten in Buenos-Ayres verfertigtem Zeuge, die Beinkleider sind den Europäischen gleich, ihre Stiefeln dagegen sehr verschieden von den unsrigen, da sie lediglich aus unaufgeschnittenen, an einem Ende zugenähten Häuten von Pferdeschenkeln bestehen.

Indeß erfreuten sich nur wenige Patagonier eines so vollständigen Anzugs. Der bei weitem größere Theil gieng fast nackt, indem er bloß in dem obgedachten Mantel gehüllt war, und außerdem nur noch an einem um den Leib gewundenen Riemen einen ledernen Beutel trug, welcher durch einen oder zwei andere Riemen zwischen den Beinen hindurch hinten an den Gürtel befestigt war. Ein Stück Fell oder Leder, welches den Fuß umschloß, und hinten, zur Vertretung der Sporen mit zwei kleinen Stückchen Holz versehen war, diente ihnen zur Fußkleidung die sie indeß nur dann, wenn sie zu Pferde saßen, d. h. fast immer, trugen. Uebrigens ist es bei ihnen allgemeiner Gebrauch, sich das Gesicht mit weißer, schwarzer und rother Farbe zu bemalen, eine Verzierung, welche in der That wenig zu dem Angenehmen ihres Aeußern beiträgt.

Das Sattelzeug an ihren Pferden besteht in einer Bedeckung von mehreren Llama Häuten, welche hinten und vorne etwas aufgerollt sind, so daß sie beim ersten Anblick wirklich das Ansehen eines Sattels haben; das Ganze ist statt des Gurtes mit starken ledernen Riemen festgebunden. Den Steigbügel vertritt ein vier Zoll langes Stück Holz, welches an beiden Enden mit einem schmalen Lederstreifen an einem über dem Gurt befindlichen Riemen befestigt ist. Die anderen Theile des Pferdezeugs sind dieselben, wie bei den Indianern von Buenos-Ayres, mit dem einzigen Unterschiede, daß das Gebiß aus sehr hartem starken Holze verfertigt ist. Wir sahen auch einen Patagonier, welcher einen vollständigen Europäischen Sattel mit Zaum hatte, konnten aber nicht erfahren, wie er dazu gekommen war.

Obgleich wir oft 300 bis 400 Patagonier auf einem Haufen sahen, so können wir über ihre Weiber doch nichts sagen, da diese nie nahe genug kamen, um unsere Wißbegierde zu befriedigen. Nur von einem Officier, der in der Bai St. Gregorio am Lande gewesen war, erfuhren wir, daß sie von etwas kleinerer Statur als die Männer seyen, sich aber in der Kleidung sehr wenig von denselben unterscheiden.

Selbst die Kinder zeigen schon in ihrer zarten Jugend, daß sie von Eltern von außerordentlicher Größe abstammen, und kündigen durch die Stärke ihrer Züge schon im Voraus an, was einst aus ihnen werden wird.

Die Patagonier wohnen, da sie, wie bereits erwähnt, zu ihrem Lebensunterhalte nichts aus der See ziehen, im Innern des Landes in Thälern, nahe an einem Bache oder Teiche, und in der Nähe von Bergen, welche ihnen zum Schutz gegen die Wuth der Winde dienen. Wir hatten daher leider keine Gelegenheit, sie in ihren Hütten zu sehen, von denen wir nur hin und wieder von der Fregatte aus in weiter Entfernung einen undeutlichen Anblick hatten. Indeß läßt sich, da wir wissen, daß sie gleich den Argbern ein Nomadenleben führen, und die Oerter, wo es an Futter für ihr Vieh zu fehlen anfängt, plötzlich verlassen, hieraus mit vollem Grunde schließen, daß ihre Wohnungen ohne Plan und Dauerhaftigkeit aufgeführt sind. Zum Beweise, daß sie ein unstätes wanderndes Leben führen, kann übrigens der Umstand dienen, daß wir auf unserer Fahrt in der Straße in zwei ganz verschiedenen Gegenden wieder ein und denselben Stamm antrafen.

Ueber das Temperament und die Sinnesart dieser Menschen können wir mit Bestimmtheit nicht urtheilen, weil wir dazu zu wenig Umgang mit ihnen gehabt haben. Wir können bloß versichern, daß sie weder barbarisch noch

grausam gesinnt sind, und daß es eine abscheuliche Unge=
rechtigkeit ist, wenn Cavendish und M. Gennes sie
in ihren Tagebüchern sogar zu Menschenfressern machen,
und sagen, daß sie als solche die unglücklichen Colonisten
von Sarmiento's Niederlassung an der Straße getödtet
und verzehrt hätten, eine Lüge, deren Quelle sich schwer
errathen läßt, da die Spanischen Schriftsteller, welche über
diese Niederlassungen geschrieben haben, davon ganz still ge=
wesen sind. Uebrigens darf man ihr friedliches ordentliches
Betragen ja nicht etwa einem Mangel an Muth oder Geist
beimessen, vielmehr waren — ein Beweis ihres tapfern,
kriegerischen Sinnes — unsere Waffen stets die vorzüglich=
sten Gegenstände ihrer Neugierde. Da sie sich nun über=
dieß ihrer Uebermacht an Körperkräften über ihre Nachbarn,
die Indianer, sehr wohl bewußt sind, so kann man wohl
aus allem diesen mit Recht den Schluß ziehen, daß es ih=
nen an den Mitteln zur Befriedigung der Rachsucht eben
nicht fehlt. Dieß thut indeß, wie gesagt, ihrem gewöhnlichen
friedlichen Wesen keinen Eintrag, denn nie gewahrten wir bei
ihrem Verkehr mit uns irgend eine Spur von böser Absicht.

Wir haben früher bereits bemerkt, daß, wenn sie un=
serer Einladung an Bord folgten, sie stets ihre Pferde,
Waffen, so wie ihr sonstiges Haab und Gut am Ufer zu=
rück ließen, welches deutlich genug für das gegenseitige
Zutrauen unter diesen Menschen spricht, so wie die Bereit=
willigkeit und das Vertrauen, womit sie sich unbewaffnet in
unsere Hände gaben, auch wohl zur Genüge beweisen dürfte,
daß, eben so wenig als sie bei Andern Verrätherei ahnden,
auch ihr Herz nichts von Betrug wissen kann. In wie
hohen Ehren die Rechte des Eigenthums bei diesen Natur=
menschen stehen, kann man daraus abnehmen, daß, da die
Bänder, welche Byron unter sie vertheilte, nicht hinreich=
ten, um Allen gleich zu thun, diejenigen, welche leer aus=
gegangen waren, durchaus nicht die mindeste Unzufrieden=

heit, noch auch die Absicht bezeigten, die laute Freude ihrer glücklicheren Landsleute auf irgend eine Weise zu stören.

Auch der Handelsgeist ist diesen Menschen keineswegs fremd, wenigstens derjenige nicht, welcher schon in den frühesten Zeiten unter den Menschen Statt fand, und sich so lange erhielt, bis die Anhäufung der menschlichen Bedürfnisse den Tauschhandel zu umständlich machte. Einige unserer Officiere tauschten Säbel und Hirschfänger gegen Pelzwerk mit ihnen aus, wobei letztere stets die augenscheinlichsten Proben von Ehrlichkeit und Billigkeit ablegten. Wie hart übrigens das Laster der Trunkenheit bei ihnen verpönt seyn muß, leuchtet aus ihrer steten Weigerung hervor, Wein oder andere starke Getränke zu genießen, deren nachtheilige Wirkungen ihnen, wie wir bald sahen, nicht unbekannt waren. Dafür sind sie aber starke Esser, wie es sich bei ihrem großen robusten Körperbau gar leicht erklären läßt.

Uebrigens hat auch die schöne Tugend der Dankbarkeit ihre Tempel bei diesen Wilden, denn nie, wenn unser Boot sie ans Land zurückbrachte, unterließen sie, uns durch Zeichen zu verstehen zu geben, daß wir so lange am Ufer warten möchten, bis sie einige Erfrischungen oder sonst etwas zum Geschenk für uns herbei geschafft hätten. Auch scheint eine Art von Subordination unter ihnen zu herrschen. Der Matrose Hernandez Thomé, welchen Cavendish aus dieser Gegend mitnahm, erzählte nämlich, daß ein Patagonier in nicht geringen Zorn gerathen wäre, als man ihn zu verstehen gegeben habe, daß Sarmiento ein Capitän oder Oberhaupt sey; der Patagonier habe darauf, indem er sich mehrere Male heftig auf die Brust geschlagen, erklärt, daß er eigentlich der Capitano sey. Wir machten überhaupt die Bemerkung, daß die Mitglieder eines Stammes Einem, der sie alle an Größe übertraf, etnen gewissen Grad von Ehrerbietung bezeigten, wodurch sie andeuteten, daß er ihr Capitano sey; den Sinn dieses Wortes schienen sie vollkommen zu verstehen. Es ist uns indeß völlig unbekannt geblieben, wie weit die Macht dieses Oberhaupts sich erstreckt, ob dieselben Personen auch immer in einer und derselben Gemeinschaft leben; wie groß überhaupt ihre Anzahl ist, bis wie weit ihre Wanderungen sie führen, und endlich ob und welche Religion sie haben. Was die letztere Frage betrifft, so haben wir bloß bemerkt, daß sie sich jedesmal vor Untergang der Sonne von der Küste nach ihren Wohnungen zurückzogen, indem sie zugleich dabei eine Art von Verehrung gegen diesen wohlthätigen Himmelskörper an den Tag legten.

Es ist wohl keinem Zweifel unterworfen, daß der größte Theil der Patagonier mit den Spanischen Niederlassungen in Buenos-Ayres und Chili, und besonders mit denen, welche vor kurzem an der Patagonischen Küste gegründet worden sind, in häufigem Verkehr steht, denn sie waren alle mit dem Gebrauch des Rauchtabacks, um welchen Artikel sie uns stets angelegentlichst baten, sehr vertraut. Zu mehrerem Beweise kann auch der Umstand dienen, daß sie viele Spanische Wörter, deren Sinn sie jedoch nicht kannten, auswendig wußten, und daß sie verschiedene Geräthschaften und Waffen aus Spanischer Fabrik bei sich führten.

Die Patagonier besitzen eine außerordentliche Geläufigkeit im Nachsprechen und Auswendiglernen derjenigen Wörter, die ihnen aus fremden Sprachen vorgesagt werden. Der obenerwähnte Spanische Matrose bemerkt in seiner Erzählung, daß er sie oft die Worte „Jesus Santa Maria" habe aussprechen hören; wobei sie dann zu gleicher Zeit gen Himmel gesehen hätten, und daß sie sich gegen die Spanischen Colonisten in so weit hätten verständlich machen können, daß weiter aufwärts im Lande auch Männer mit Bärten und — Stiefeln, und eben solche Kinder wie die der Colonisten wohnten. Diese ihre Leichtigkeit im Behalten von Wörtern und ganzen Sätzen aus fremden Sprachen ist auch von allen andern Beschiffern dieser Gewässer bemerkt und bewundert worden. Capitän Wallis erwähnt, daß er einigen Patagoniern gelehrt habe, die Englische Phrase: Englishmen come on shore (Engländer, kommt ans Land) deutlich auszusprechen, und daß dieselben, als er eine lange Zeit nachher an einem andern Orte wieder mit ihnen zusammen traf, diese Worte noch richtig wiederhohlt hätten. Es scheint diese Eigenschaft theils darin, daß ihre eigene Sprache durchaus von allen harten und eigenthümlichen Lauten frei ist, theils auch in ihrem scharfen Gehöre und der außerordentlichen Geläufigkeit ihrer Zunge und sonstigen Sprachorgane ihren Grund zu haben. Es liegt weder etwas Hartes noch Weiches in ihrer Sprache, welche übrigens sehr reich an Vocalen ist, und deren Aussprache etwas Gurgelndes an sich hat.

Wir machten mehreren von ihnen den Vorschlag, sie mit nach Spanien zu nehmen, indem wir ihnen dabei zugleich versprachen, sie nachher wieder in ihr Vaterland zurückzuführen; wir erhielten aber allemal zur Antwort, daß sie ihre Landsleute nicht gerne verlassen möchten. Wir hielten es daher weder für recht noch billig, von unserer Uebermacht Gebrauch zu machen, und diese Menschen wider ihren Willen ihrem Vaterlande, ihren ihnen so theuren Familien zu entreißen, und zwar um so weniger, da eine solche Maaßregel zu nichts weiter gedient haben würde, als eine lächerliche Neugierde in dem Anschauen von Menschen zu befriedigen, deren Körpergestalt zwar die unserer gewöhnlichen Europäer übertrifft, jedoch gegen die vielen einzelnen Individuen zurücksteht, welche sich in Europa als außerordentliche Werke der schaffenden Natur zur öffentlichen Schau darstellen.

Wäre eine Unkenntniß derjenigen Dinge, welche jedermann zu wissen nöthig ist, so wie der Bequemlichkeiten, und der Mittel zur größeren Sicherheit des civilisirten Lebens, die der menschlichen Natur so sehr frommen, nicht unserer Meinung nach ein unübersteigliches Hinderniß auf dem Pfade zum wahren Glücke, so dürften sich Wenige einer zufriedeneren und glücklicheren Lage erfreuen, als diese Patagonier. Sie genießen alle Vortheile des gesellschaftlichen Umgangs, ohne dabei den mannigfaltigen Beschwerden und Unannehmlichkeiten unterworfen zu seyn, welche ein zu sehr verfeinerter Lebenszustand zur unausbleiblichen Folge hat. Sie erfreuen sich eines starken, gesunden Körpers, der Frucht ihrer mäßigen Lebensweise, und wissen nichts von den schädlichen Wirkungen des Luxus. Sie haben vor sich ein weites Feld zur Befriedigung ihrer wegen des engen Kreises ihrer Ideen höchst eingeschränkten Wünsche. Da der Boden, auf welchem sie leben, ihnen freiwillig alles Nöthige zu ihrem Unterhalte liefert, so sind sie befreit von den zahllosen Mühseeligkeiten des Lebens, und im Stande, ihre Tage in Ruhe und Müßiggang hinzubringen. Der Hang zu diesen beiden letztern Eigenschaften scheint ihre herrschende Leidenschaft, und das Resultat aller ihren Lebenszustand begleitenden Umstände zu seyn, keinesweges aber, wie Viele behauptet haben, aus ihnen etwa von Natur angeborner Dummheit oder Ungeschicklichkeit zur Arbeit zu entspringen; denn gewiß wird kein Philosoph es der Dummheit zuschreiben, wenn die Patagonier auf eine Schnur Glasperlen oder andere Kleinigkeiten dieser Art einen so hohen Werth legen, sondern vielmehr dem von der Natur in jeder menschlichen Brust eingepflanzten Triebe, sich zu putzen, damit sie in den Augen ihrer Umgebungen ein angenehmeres Ansehen gewinnen mögen. Wohlbedacht ist diese Lust der Patagonier bei weitem entschuldbarer, als die unter den Europäern herrschende Begierde nach Perlen, Diamanten und anderen kostbaren Juwelen, welche erst durch ungeheuere Arbeiten und Gefahren ans Licht der Welt gefördert werden, dahingegen der Patagonier sich seine Kostbarkeiten bloß dann, wenn sich ihm die Gelegenheit darbietet, durch den Austausch seines Ueberflusses zu verschaffen sucht.

Die glückliche Lage dieser Patagonier fällt noch um so mehr in die Augen, wenn man sie mit ihren Nachbarn, den Bewohnern des gebirgigen Landstrichs an der Straße, zu deren Beschreibung wir jetzt übergehen, zusammengestellt.

Die Indianer an der Magellansstraße.

Die andere Classe der Bewohner dieser Gegend besteht nur aus einer geringen Anzahl Individuen, welches, allen Berichten nach, nur mit den unglücklichen Wesen, welche an den westlichsten Küsten von Neuholland wohnen, verglichen werden können.

Ungeachtet unsern langen und öfteren Verkehrs mit diesen Indianern, sowohl in Port famine, als in Port Galan, waren wir doch nicht im Stande, uns über die Religion und die bürgerlichen Einrichtungen der verschiedenen Stämme oder Familien, welche uns zu Gesicht kamen, bestimmte Nachrichten zu verschaffen, da sie uns auf die Zeichen, wodurch wir unsere Wünsche und Fragen an sie ausdrückten, statt aller Antwort, immer dieselben Zeichen zurückmachten, so daß nach einer langen Unterhaltung dieser Art beide Theile am Ende eben so klug blieben, als sie es im Anfange gewesen waren *).

---

*) Note des Spanischen Originals. Unsere Officiere, die doch während eines dritthalb monatlichen Aufenthalts bei diesen Indianern über dieselben nicht mehr als die auf den folgenden Seiten enthaltenen spärlichen Nachrichten hatten sammeln können, wunderten sich nicht wenig über die Leichtigkeit, womit andere Reisende sich in Zeit von wenigen Tagen

Da ihre Lebensweise über die des Thiergeschlechts so wenig erhaben ist, sie auch stets nur in geringer Anzahl beisammen leben, so war es uns nicht möglich, mehr über sie zu erfahren, als was wir mit unsern Augen sehen konnten, nämlich ihre Gestalt, Nahrungsmittel, Waffen, Schifffahrt und einige andere Proben ihres Kunstfleißes, wenn man nämlich die plumpe Verfertigung der wenigen Werkzeuge, welche sie besitzen, mit diesen Namen belegen darf.

Kurz vor unserer Ankunft in Port famine brachte ein an's Land geschicktes Boot fünf Indianer mit an Bord zurück, deren Blöße, Dummheit und unerträglicher Gestank zugleich Abscheu und Mitleid in uns erweckten; man sah es ihnen nur zu deutlich an, daß sie im äußersten Elende lebten. Keine Beschreibung vermag die ekelerregende Unreinlichkeit und den fürchterlichen Gestank, der bei diesen Menschen und in ihren mit den Resten der Tafel stets bedeckten Hütten herrscht, der Wahrheit getreu zu schildern.

Es ist wohl außer Zweifel, daß sie zuweilen, obgleich wahrscheinlich nur selten, mit den Patagoniern zusammen kommen, wie auch die vollkommene Aehnlichkeit ihrer Hunde und Llamahäute, welche sie von diesen ihren Nachbarn gegen, uns jedoch unbekannte, Erzeugnisse ihrer Wohnbezirke eintauschen, schließen läßt. Indeß dürfte ihre auffallende Unterlegenheit, sowohl in körperlicher, als geistiger Hinsicht, wohl einen höchst natürlichen Beweggrund für sie abgeben, nicht in zu nahen Verkehr mit ihren östlichen Nachbarn zu treten.

Sie sind übrigens von gewöhnlicher Größe und sehr proportionirtem Wuchse; auch sind sie, so wenig Bewegung

---

eine genaue Kenntniß ihrer Sitten und Gebräuche, ihrer Gesetze, ihrer Religion und, was mehr als alles Andere sagen will, sogar ihrer Sprache erworben hatten!

sie sich auch machen, doch sehr gewandt. Die Hautfarbe haben sie mit den Patagoniern gemein, nur ist sie bei einigen dunkler, wie bei den anderen. In ihren Gesichtszügen liegt weder etwas Angenehmes, noch Abschreckendes. Ihr schwarzes Haar gleicht mehr dem Pferde- als dem Menschenhaare, welches wahrscheinlich daher kommt, daß sie den Kopf stets völlig unbedeckt tragen. Einige unter ihnen hatten Bärte, aber nur sehr dünne.

Das weibliche Geschlecht ist etwas kleiner, als das männliche, und hat nichts Characteristisches in seiner Physiognomie. Indeß ist es auch hier sehr sorgfältig darauf bedacht, das, was die Natur zu verbergen gebietet, wie auch die Brüste, welche in der Regel sehr stark sind und lang herabhängen, zu bedecken. Die Stimme dieser Indianerinnen ist so scharf und fein, daß sie sich darin bei weitem mehr von den Männern unterscheiden, als wir es noch in irgend einem uns bekannten Lande zwischen den beiden Geschlechtern gefunden hatten.

Die Hauptzierde dieser Indianer besteht in einer Federmütze, die jedoch nur von den ältesten Männern getragen wird. Auch bemalen sie sich Gesicht, Schenkel und andere Gliedmaßen mit allerhand rothen, weißen und schwarzen Streifen, welche ihren Anblick nur noch widriger machen. Sie wenden auf diesen Theil ihrer Verzierung vorzüglichen Fleiß, wie wir, besonders wenn sie zu uns an Bord kamen, deutlich bemerken konnten. Die Haut eines Seelöwen oder eines Robben, welche ihnen über die Schulter bis unter die Hüften herabhängt, und mittelst eines aus Fischeingeweiden gedrehten Stricks um den Leib festgehalten wird, ist außer einer Schürze von Federn ihre ganze Kleidung und Bedeckung. Zur Fußbekleidung bedienen sie sich auch zuweilen eines Stückes von einem Robbenfell, welches sie um den Knöchel zusammenbinden und einem Beutel gleicht. Die Weiber tragen den Ueberwurf nicht nur über den Hüften befestigt, sondern lassen denselben auch unter den Armen so anschließen, daß der Busen dadurch völlig bedeckt wird.

Als einen dem weiblichen Geschlechte von jedem Alter eigenthümlichen Theil des Anzugs, trägt es sowohl um das Hand = als um das Fußgelenk einen aus Fischdärmen verfertigten Ring.

Sowohl Männer als Weiber haben um den Oberkopf einen Strick in der Art gebunden, daß er das Haar einigermaßen in Ordnung hält, und dabei das Ansehen einer Krone hat. Um den Hals tragen Einige Schnüre, an welchen kleine recht artig zubereitete Muscheln gereiht sind, Einige auch einen aus Fischeingeweiden verfertigten Strick, welcher mehreremale nach Art eines Halstuches umgewunden wird.

Die Kinder beiderlei Geschlechts giengen in der Regel völlig nackt. Wir erstaunten Anfangs nicht wenig über die ungeheueren Bäuche derselben, welche sich indeß mit den Jahren in ein gehöriges Verhältniß gestalten. Wahrscheinlich rührt diese Dickbäuchigkeit von dem Umstande her, daß man hier von Binden und Windeln nichts weiß. Nach der Geburt eines Kindes wird es erst sanft auf einige Felle von jungen Robben gelegt, und die Mutter trägt es dann in einer Art Sack, welcher zwischen der ihre Schultern bedeckenden Thierhaut steckt, gleich überall mit sich herum. Es war daher nichts Ungewöhnliches, eine Mutter auf diese Weise mit zwei Kindern, wovon eines immer älter wie das andere, beschwert zu sehen, ohne daß sie dadurch an der Besorgung der ihr obliegenden Arbeiten im mindesten gehindert wurde.

Die Hauptnahrung dieser Indianer besteht ohnzweifentlich in Schaltthieren, welche überall an der Küste im

Ueberflusse gefunden werden. Zu dem nomadischen unstäten Leben, was sie führen, werden sie durch die Noth gezwungen, indem sie, sobald der Vorrath an Schaltthieren in der Nähe ihres zeitigen Wohnorts erschöpft ist, sich sofort nach einem anderen wenden, um auf diese Weise der gütigen Natur Zeit zu lassen, dort, wo ihre Nahrung auf die Dauer nicht mehr hinreichen wollte, für neuem Vorrath zu sorgen.

Von den Hirschen und Rehen, welche sich in dieser Gegend der Straße aufhalten, werden zuweilen welche von den Indianern erjagt, wie wir nicht allein aus den ebenfalls zu Ueberwürfen dienenden Häuten, sondern auch verschiedentlich aus Stücken Fleisch, welches von keiner andern Thierart herrühren konnte, ersahen. Bei der großen Menge von Hunden, welche diese Indianer ebenfalls stets um sich haben, bedienen sie sich derselben auch wahrscheinlich zur Jagd dieses Wildes, welches sich indeß nur selten aus den Wäldern hervor wagt, daher es auch seinen Verfolgern, welche, wie wir bemerkten, das Dickigt der Wälder so viel wie möglich vermieden, nicht gar oft gelingt, einen Braten mit nach Hause zu bringen. Die Eingebornen lauern diesen Thieren an den Ufern der Flüsse auf, wo diese sich häufig zur Stillung ihres Durstes einzufinden pflegen, und wo die Jäger ihnen, mit Hülfe ihrer Hunde, mit Knüppeln und Steinen nachstellen; ihre Bogen und Pfeile, so wie ihre andern Waffen sind zu dieser Jagd durchaus nicht geeignet. Wir konnten uns übrigens nicht darüber vergewissern, ob sie dieses Wildpret auch wie die Schaltthiere roh verzehren; wahrscheinlich ist dieses der Fall, da wir nirgends ein Geräth, was zum Kochen oder Braten tauglich gewesen wäre, bei ihnen gesehen haben.

Die verschiedenartigen Federn, welche wir bei ihnen sahen, bewiesen, daß die Vögel ihren Wurfspießen, Bogen und Schleudern, welche Waffen sie mit vieler Geschicklichkeit zu handhaben wissen, nicht leicht entgehen. Sie scheinen indeß dieser Jagdlust doch nicht sehr zu fröhnen, da wir immer nur eine geringe Anzahl getödteter Vögel auf einmal bei ihnen sahen. Auch glauben wir nicht, daß sie das Fleisch dieser Thiere essen, weil wir niemals Ueberbleibsel von solcher Nahrung in ihren Hütten gewahr wurden.

Bei weitem gewöhnlicher als das Jagen ist bei ihnen der Fischfang. Obgleich auch ihre Art zu fischen uns unbekannt geblieben ist, so wissen wir doch, daß sie sich viel damit abgeben. Auch kamen sie zweimal mit einer bedeutenden Ladung frischgefangener Fische zu uns am Bord, um solche gegen allerhand Kleinigkeiten umzusetzen. Sie haben weder Netze noch Angeln. Uebrigens bemerkten wir bloß, daß sie bei niedrigem Wasser an verschiedenen Orten der Küste scharf zugespitzte Pfähle steckten, so daß dadurch eine Art von Fischweiher gebildet wurde; ob sie indeß auf diese Weise ihre Fische fangen, können wir mit Gewißheit nicht sagen. Sie nahmen zu dem fraglichen Zwecke auch stets mehrere lange scharfgespitzte Stäbe, an deren Ende ein Köder mit einem Seil festgebunden war, in ihren Canots mit. Vergebens suchten wir ihnen unsern Wunsch, ihre Art zu fischen, kennen zu lernen, verständlich zu machen, und eben so wenig gelang es uns, einer ihrer Fischpartien beizuwohnen.

Die hauptsächlichste Veranlassung der Indianer zu ihren Ueberfahrten nach dem Feuerlande ist, so viel wir wissen, der Fang von Thunfischen, Robben und Wallfischen, welche sich nur selten an der nördlichen Küste der Straße sehen lassen. Sie essen das im höchsten Grade unverdauliche Fleisch dieser Thiere roh, und selbst dann noch, wenn es schon in Fäulniß übergegangen und stinkend ist, aus dem Speck derselben bereiten sie eine Art Oel, womit sie sich den ganzen Körper einschmieren, daher man wegen dem dadurch verursachten unausstehlichen Gestanks ihre Annähe= rung schon in noch bedeutender Entfernung wittert.

Auch essen sie viele wilde Früchte, von welchen sie stets ganze Körbe voll in ihren Hütten und Canots stehen haben. Als sie unsere Leute sich der wilden Petersilie zu ihrer Suppe bedienen sahen, zeigten sie uns verschiedene andere Pflanzen und Wurzeln, welche sie gleich den Kartoffeln geröstet zu essen pflegen. Uebrigens schien Alles, was wir ihnen von Fett, Lichttalg und Unschlitt anboten, ihrem Gaumen zu behagen, Brod, Provencer=Oel und Essig dagegen schmeckte ihnen durchaus nicht, eben so wenig konnten wir sie be= wegen, Wein zu trinken.

Ihre Hunde nähren sich ebenfalls hauptsächlich von Schalthieren und Fischen, wie auch von Kräutern, ein Be= weis, wie sehr das veränderte Clima und die Noth auch auf den Appetit dieser Thiere einwirkt. Indeß haben sie mit ihrem Appetit keinesweges auch die gute Natur verän= dert, die diesen Thieren eigen ist, denn auch hier zeigen sie sich als die treusten Wächter ihrer Herren.

Die Wohnungen dieser Indianer bestehen aus erbärm= lichen Hütten von rundlicher Form, und sind aus Baum= zweigen errichtet, von denen die dicken Ende in der Erde stecken, die dünnen aber aufwärts nach der Mitte zu gebo= gen sind, und so mittelst Taue von Schilf zusammenge= halten werden. Der Umfang ihrer geräumigsten Hütten beträgt nicht über vier und zwanzig Fuß, und die Höhe sechs Fuß. Die einzige Oeffnung ist die niedrige, etwa drei Fuß breite Thüre. Wenn die Indianer sich in diesen Hüt= ten aufhalten, bedecken sie sie rund herum mit Robben= häuten und zwar in dem Zustande, wie sie solche von den Thieren abziehen, denn von irgend einer passenden Zube=

reitung derselben wissen sie nichts. Bloß die Mitte des oberen Theils lassen sie unbedeckt, damit der Rauch von dem in der Mitte brennenden Feuer, welches sie nie ausgehen lassen, freien Ausgang hat; um dieses Feuer befinden sich kleine mit Stroh oder vielmehr getrocknetem Grase bedeckte Erhöhungen, welche zugleich zu Betten und Stühlen dienen.

Ihr sämmtlicher Hausrath besteht in mehreren Robben-, Hirsch- und einigen Llama-Fellen, welche sie, da diese Thiere in diesem Theile der Straße fehlen, von den Patagoniern eintauschen; dann in einer Anzahl aus Binsen und einigen aus einer Art Esparto geflochtenen Körben, und in mehreren einen und anderthalb Fuß im Umfange haltenden Krügen, die eben so wie ihre Canots auch mit eingenähten Boden aus Baumrinde nicht ganz ohne Geschicklichkeit und Geschmack verfertigt, und dabei völlig wasserdicht sind. Außerdem besitzen sie noch einige kleine aus Häuten oder Fischdärmen gemachte Beutel, in welchen sie die verschiedenen, zum Bemalen ihres Körpers dienenden Farbenpulver, von denen sie scharlachroth am meisten lieben, ihre aus Muscheln oder Knochen bestehenden Halsbänder, so wie Feuersteine und andere dergleichen Kleinigkeiten aufbewahren. Dieses ist nun dieser unglücklichen Menschen ganzes Hab' und Gut, welches sie, wenn sie ihre Wohnstätte verändern, mit sich schleppen.

Ihre Canots bestehen, wie bereits erwähnt, aus der nicht über einen Zoll dicken Rinde des vorbemerkten Harzbaums, und zwar aus drei Stücken, wovon eines den Boden oder den Kiel und zwei die Seitenwände bilden. Ihre Geduld und Beharrlichkeit in dem Ablösen dieser Rinde ist in der That bewundernswerth, und um so mehr, da sie zu dieser Arbeit kein anderes Werkzeug haben, als einen etwas geschärften Feuerstein, womit sie an beiden Enden einen

Einschnitt rund um den Baum, und einen andern in die Länge desselben machen. Nachdem dieses geschehen, streifen sie mit unendlicher Geduld und Vorsicht die Rinde des Baums in einem einzigen Stücke und in der zu dem daraus zu bauenden Canot erforderlichen Länge ab; diese beträgt bei einigen dieser Fahrzeuge, wenn man die Krümmungen des Mittelstücks, welches das Vorder- und Hintertheil, so wie den Kiel bildet, mit in Anschlag bringt, zwischen 30 bis 32 Fuß, und die eigentliche Länge des gebrechlichen Boots, wenn fertig, 24 bis 26 Fuß, die Breite nicht über 4 Fuß, und die Tiefe 2 bis 3 Fuß.

Um dieser Rinde die gehörige Beschaffenheit und Form zu geben, legen sie sie mit der innern Seite niederwärts an die Erde, und auf beide Enden einen Haufen Steine; so lassen sie sie dann zwei bis drei Tage lang liegen, bis sie gehörig ausgetrocknet und zur Benutzung tauglich ist. Sie befestigen dann die Seitenstücke fast perpendiculär mit dem Boden, indem sie sie mit trocknem Schilf zusammennähen, worauf sie dann die Fugen mit dürrem Grase und mit Sumpferde so gut wie möglich vor dem Eindringen des Wassers verstopfen. Um den Seitenwänden etwas mehr Stärke und Halt zu geben, belegen sie das Canot in seiner ganzen Länge und dicht an einander mit Pipenstäben ähnlichen Querhölzern, welche in den Leisten von zwei starken an den Enden dicht verbundenen Balken befestigt sind; das Ganze ist mit Schilfgras zusammengebunden und genäht; auch bringen sie einige Querhölzer zum Sitzen darin an. Ist das Canot so weit fertig, so bekleiden sie fast die ganze innere Seite mit etwa einen Fuß breiten Stücken Baumrinde, welche in die Quere gelegt und in den obgedachten Schiffsleisten befestigt werden. Um dieser Rinde die gehörige Biegung zu verschaffen, halten sie sie eine Zeitlang über dem Feuer, und wenn halb trocken, biegen sie sie in die erforderliche Lage. Zuletzt machen sie noch aus kreuzweise und in die Länge über einander gelegten Bretern eine Art von Fußboden, welcher vom Vorder- und Hintertheile an, etwa den vierten Theil des Canots einnimmt, und zum Zwecke des leichtern Ausschöpfens des Wassers in der Mitte eine Oeffnung hat; auch dieser Boden ist oben wieder mit Baumrinde belegt.

So plump nun diese Fahrzeuge auch gebaut sind, so verrathen sie bei alledem doch einige Geschicklichkeit bei den Indianern, und kosten ihnen übrigens wegen Mangel an den erforderlichen Werkzeugen unendlich viele Zeit und Arbeit. Die Eingebornen zeigten sich mit den Vortheilen des Gebrauchs von Messern, Beilen und Nägeln wohl bekannt, und schienen diese Werkzeuge jeder andern Erfindung vorzuziehen. Einige von ihnen tauschten sich dergleichen von uns ein, und bemühten sich sogar, sie mit Stücken von Pipenstäben nachzuahmen.

Viele der Canots waren im Stande, neun oder zehn Indianer zu tragen. Zum Fahren bedienen sie sich einer Art Ruderschaufeln, deren Handhabung in der Regel den Weibern obliegt. Wenn sie eine langwierige Reise antreten, welches immer entweder während einer Windstille oder bei günstigem Winde zu geschehen pflegt, so setzen sie in der Rundung des Canots einen Pfahl als Mast, und befestigen quer über demselben einen andern mit einem daran hängenden Seehundsfelle, dessen untere Theile sie mit den Händen festhalten, so daß es die Stelle eines Segels vertritt. In der Mitte des Canots liegen immer eine Menge Steine mit einem Haufen von Muscheln und Sand, auf welcher Art von Heerd sie ein fortwährendes Feuer mittelst abgebrochener Baumzweige unterhalten. Außerdem führt jedes Canot mehrere der obenbeschriebenen Gefäße zum Wasserausschöpfen mit sich, nebst verschiedenen aus Schilf und Esparto gedrehten Tauen von unterschieblicher Länge und Dicke, ziemlich denen gleich, welche in Spanien aus denselben Materialien verfertigt werden.

So unmöglich es übrigens scheint, daß die Indianer in so schwachen Fahrzeugen und in einem hinsichtlich der Winde so plötzlichen Veränderungen unterworfenen Clima Fahrten längs und quer über die Straße unternehmen, so können wir es doch als wirklich geschehen versichern und dürfen zum Beweise nur an die Fälle erinnern, daß ein Haufen Indianer uns in ihren Canots vom Cap Negro bis zum Cap Redondo folgte, und daß wir in der Mündung des Canals St. Geronimo wieder mehrere Indianer antrafen, die wir bereits früher an der andern Seite der Straße in Port Galan gesehen hatten. Obgleich die dadurch offenbarte Kühnheit dieser Indianer wohl hauptsächlich aus ihrer genauen Bekanntschaft mit der Straße entspringt, so wird es doch wohl schwerlich unterbleiben, daß nicht hin und wieder Einige Opfer dieser ihrer Waghalsigkeit werden.

Ihre Waffen bestehen in Bogen und Pfeilen, erstere plump aus Holz geschnitten und mit einer aus Fischdärmen gedrehten Sehne versehen, letztere aus glatten Baumzweigen bestehend und zwei bis drei Fuß lang; an dem einen Ende befindet sich ein herzförmig abgeschliffener Kieselstein, und an dem andern zwei kleine Federbüschel, die mit einem sehr dünnen Seile daran befestigt sind. So wenig sich auch von einer solchen Waffe erwarten läßt, so zeigen sie doch in dem Gebrauch derselben viele Geschicklichkeit; wir waren nämlich Augenzeuge, wie sie damit nach einem Baume schossen, und nicht ein einziges Mal das Ziel verfehlten, wobei sich übrigens der Stein allemal von dem Holze trennte.

Der Schleuder bedienen sie sich auf doppelte Weise, einmal, um Steine damit zu werfen, und dann auch ihren Feldmantel um den Leib zusammenzuhalten. Der Stein wird in ein Stück Fell oder Leder gelegt, und das Tau besteht wie gewöhnlich aus Fischdärmen.

Zuweilen sahen wir sie auch mit einem brittehalb Fuß langen und einem Finger dicken Stocke, an dessen einem Ende ebenfalls ein zwei Zoll langer und verhältnißmäßig dicker Stein wie an den Pfeilen befestigt war, und dessen sie sich als Wurfspieß bedienten.

Einige Indianer trugen auch einen Dolch, der aus Knochen verfertigt, sehr scharf und übrigens von unterschiedlicher Form war. Sie pflegen denselben an einer sechs Fuß langen hölzernen Stange zu befestigen, und bedienten sich dieser Waffe, unseres Bedünkens nach, zur Tödtung von Seehunden, Wallfischen ꝛc., da sie sehr viele Aehnlichkeit mit Harpunen hatten.

Unter den Eingeborenen, die wir in Port Galan sahen, befanden sich einige, welche kleine, mit hölzernen Handgriffen versehene Stücken Eisen besaßen, die unsern Beilen, Meißeln und Bohrern nachgeahmt, und wahrscheinlich durch die letzten Englischen und Französischen Reisenden in ihre Hände gekommen waren; sie legten auf diese Werkzeuge, wegen der bedeutenden Hülfe, welche sie ihnen bei ihren Arbeiten leisteten, einen unendlich hohen Werth.

Die Geschicklichkeit und Gewandtheit, womit sie ihre verschiedenen Waffen handhaben, so wie die an vielen Indianern sichtbaren Narben bewiesen deutlich, daß sie auch zuweilen Krieg unter sich führen; wir können jedoch versichern, daß sie keinesweges, wie andere Reisende behauptet haben, in ewiger Fehde mit einander leben, und daß auch die Bewohner des Feuerlandes nicht immer auf feindlichen Fuß mit den Indianern des Festlandes stehen, da wir beide Theile in wechselseitigem Verkehr mit einander gesehen haben. Nur zuweilen bricht die Flamme der Zwietracht unter ihnen aus, wird aber jederzeit bald wieder gedämpft.

Es hält außerordentlich schwer, sich über die Anzahl der Mitglieder eines Stammes oder einer Familie zu vergewissern, wie auch ob sie, wenn wir sie in Haufen von 60 bis 70 beisammen sahen, alle mit einander verwandt waren, und so nur eine einzige Gemeinschaft bildeten. Wir haben bloß gesehen, daß immer acht bis zehn Individuen zusammen in einer Hütte wohnen, und daß, wenn gleich mehrere sich zu gleicher Zeit an einem und demselbem Orte aufhalten, doch jede Familie nur aus der obigen Personenzahl zusammengesetzt ist, und daß jede besonders für ihren Lebensunterhalt und für Feurung, für die Erziehung der Kinder, und für die Erbauung und Instandhaltung ihrer Hütte und ihres Canots sorgt.

Der Weiber Pflicht ist es, die nöthigen Muscheln, Früchte und Kräuter für den Unterhalt der Bewohner ihrer Hütte zu sammeln, wie auch für den täglichen Bedarf an Wasser und Feurung zu sorgen, das Canot trocken und rein zu halten, weßhalb wir sie oft bis zur Mitte des Leibes im Wasser stehen sahen; überdieß liegt ihnen auch noch die Handhabung der Ruder, so wie die Sorge für ihre Kinder ob. Diese letztere Pflicht erfüllen sie mit der größten mütterlichen Sorgsamkeit, besonders um den gewöhnlichen Kinderkrankheiten, welche übrigens hier zu Lande von kürzerer Dauer als bei uns sind, selbst oder wenigstens ihren schädlichen Wirkungen vorzubeugen.

Die Männer, weit entfernt, den Weibern in ihren beschwerlichen Arbeiten beizustehen, widmen sich ausschließlich folgenden Beschäftigungen, als der Erbauung der Hütten und Canots, der Verfertigung von Waffen und dem Jagen und Fischen. Diese ihre Arbeiten sind aber weder so hart, noch so anhaltend, wie die der armen Weiber,

denn wir sahen sie den größten Theil des Tages in ihrer
Lieblingsstellung auf den Knieen um das in der Mitte der
Hütte lodernde Feuer sitzen, oder längs dem Strande aus-
gestreckt, während die Weiber, ihren Geschäften nachgehend,
keinen Augenblick der Ruhe pflegen konnten. Welch' ein
Unterschied herrscht nicht auch hierin zwischen der Sitte dieses Landes mit den in den andern Spanischen Besitzun-
gen von America.

Obgleich diese Indianer ihre Weiber auch in anderer
Hinsicht sehr geringschätzten, indem sie sie mit der größten
Gleichgültigkeit behandelten, und von der schrecklichen Leidenschaft der Eifersucht wenig oder gar nicht geplagt zu
seyn schienen, so nahm doch das schöne Geschlecht die ihm
von einigen Matrosen erzeigten Aufmerksamkeiten ziemlich
kalt auf.

Was ihre ehelichen Gebräuche betrifft, so konnten wir
darüber nichts in Erfahrung bringen, ob z. B. etwa eine
Frau zwei oder drei Männern gemeinschaftlich angehöre,
oder bis zu welchem Grade von Blutsverwandtschaft Ver-
bindungen dieser Art geschlossen werden. Wir wunderten
uns sehr über das ungeheuere Mißverhältniß zwischen der
Anzahl Personen von beiden Geschlechtern, denn in den
Familien, welche wir kennen lernten, rechneten wir immer
wenigstens drei Männer auf eine Frau. Unsere Kenntnisse über dieses Volk sind zu unvollkommen, um dieses
Mißverhältniß, welches übrigens ohne allen Zweifel eine
Haupturfache der geringen Bevölkerung dieser Gegenden ist,
enträthseln zu können.

Ihre Sprache ist schwer, und war der ganzen Schiffs-
gesellschaft durchaus unverständlich; an Ausdruck scheint sie
eben nicht reich zu seyn; auch geschieht die Aussprache fast
ausschließlich mit der Kehle, so daß ein und dasselbe Wort,
von verschiedenen Indianern gesprochen, niemals gleich klingt.

Es gelang uns daher nicht, irgend etwas aus ihrem Munde zu verstehen, oder auch nur ihre Laute nachzusprechen, dagegen sie Alles, was sie uns sprechen hörten, mit Leichtigkeit wiederhohlten. Ein Lieblingswort, was sie beständig im Munde führten, war Pescheri, welches wir uns für gleichbedeutend mit „Freund" verdollmetschten. Herr de Bougainville hat diesen Indianern bloß aus der Ursache, weil das angeführte Wort so oft in ihren Reden vorkam, den Namen Pescheris beigelegt.

Ihre Sinnesart scheint friedlich und gut zu seyn. Nie trafen wir sie auf den Versuch, uns irgend etwas zu entwenden, so sehr ihnen unsere Werkzeuge, Geräthe und Waffen auch in die Augen stachen. Indeß war dieses ordentliche Betragen von ihrer Seite wohl mehr eine Folge des Bewußtseyns von ihrer Unterlegenheit, als irgend eines moralischen Princips oder eines Gefühls der Ungerechtigkeit, sich das Eigenthum eines Andern eigenmächtiger Weise anzumaaßen.

Sowohl dem musterhaften Benehmen dieser unglücklichen Menschen, als der außerordentlichen Fürsorge unseres Commandeurs haben wir es zuzuschreiben, daß die gegenseitige Harmonie und das gute Vernehmen während unseres Aufenthalts bei diesen Indianern nicht die mindeste Störung erlitt. Uebrigens sahen wir auch nie, daß sie unter sich in Streit verwickelt waren, oder die mindesten Symptome von Zorn oder Rachsucht von sich gaben. Alle diese Tugenden dürften indeß wohl nur die natürliche Folge der hohen Indolenz seyn, welche in den Gemüthern dieser Menschen vorherrscht, und ohne Zweifel auch Ursache der geringen Fortschritte ist, die sie bis jetzt in der Civilisation gemacht haben. Ob nun übrigens dieses Uebel schwerer in der Wage liegt, als der aus demselben entspringende Genuß eines in Frieden und Eintracht hinschwindenden Lebens, dieß ist eine Frage, deren Beantwortung wir dem Nachdenken der Philosophen überlassen.

Neugierde, welche sonst ein wesentlicher allgemeiner Charakterzug des Menschengeschlechts zu seyn scheint, hat bei den Anwohnern der Magellansstraße noch durchaus keine Wurzeln gefaßt. Von Allem, was wir diesen Menschen vorzeigten, war nichts im Stande, ihnen das mindeste Zeichen des Erstaunens oder der Bewunderung, noch auch des Wunsches nach einer nähern Kenntniß derselben zu entreißen. Nun ist es aber, um Kunstproducte bewundern zu können, auch unumgänglich nöthig, daß man wenigstens einige Elementar-Begriffe von diesen Erzeugnissen habe; diese fehlen aber durchaus bei diesen Wilden, welche die feinsten, ausgedachtesten Werke des menschlichen Geistes mit eben den Augen betrachten, als die Gesetze und Phaenomene der Natur selbst, und daher auch keinen Unterschied machen zwischen der künstlichen Verfertigung eines Mastes und der natürlichen Erzeugung eines Baumes. In der That muß es dem über diese unglücklichen Wesen so hoch erhaben sich dünkenden Europäer einen nicht geringen Aerger verursachen, wenn er die starre Gleichgültigkeit sieht, womit diese Menschen, zu deren Aufenthalt er sich mit so unsäglichen Gefahren einen Weg gebahnt hat, die neusten Erzeugnisse seines Erfindungsgeistes und seines Kunstfleißes anschauen.

Druckfehler.

S. 87. Z. 4. von unten Don A. de Ulloa statt de Ullva.
S. 88. Z. 5. von oben Gape remarquable statt Temor-Kable.
S. 94. Z. 12. von oben Sempervivum statt Semperviva.
S. 96. Z. 11. von unten Ulloa statt de Ullva.

www.ingramcontent.com/pod-product-compliance
Lightning Source LLC
Chambersburg PA
CBHW030828230426
43667CB00008B/1431